Inteligencia Artificial

Breve Historia del Aprendizaje Profundo, Algoritmos, Processing de Lenguaje Natural, Redes Neuronales Artificiales y Herramientas como ChatGPT, Dall-E y Más

Descargo de responsabilidad

Copyright 2023 by Alexander Andrews - *Todos los derechos reservados*

Introducción

La inteligencia artificial (IA) es la inteligencia -percepción, síntesis e inferencia de información- demostrada por las máquinas, a diferencia de la inteligencia mostrada por los animales no humanos y los seres humanos. Ejemplos de este tipo de tareas son el reconocimiento de voz, la visión por ordenador, la traducción entre lenguas (naturales) y otras combinaciones de datos.

Entre las aplicaciones de la IA se encuentran los motores de búsqueda web avanzados (por ejemplo, Google Search), los sistemas de recomendación (utilizados por YouTube, Amazon y Netflix), la comprensión del habla humana (como Siri y Alexa), los coches autoconducidos (por ejemplo, Waymo), las herramientas generativas o creativas (ChatGPT y AI art), la toma de decisiones automatizada y la competición al más alto nivel en sistemas de juegos estratégicos (como el ajedrez y el Go).

A medida que las máquinas se vuelven más capaces, las tareas que se considera que requieren "inteligencia" se eliminan a menudo de la definición de IA, un fenómeno conocido como efecto IA. Por ejemplo, el reconocimiento óptico de caracteres suele excluirse de lo que se considera IA, al haberse convertido en una tecnología rutinaria.

La inteligencia artificial se fundó como disciplina académica en 1956, y en los años transcurridos desde entonces ha experimentado varias oleadas de optimismo, seguidas de decepción y pérdida de financiación (lo que se conoce como "invierno de la IA"), seguidas de nuevos enfoques, éxito y financiación renovada. La investigación en IA ha probado y descartado muchos enfoques diferentes, como la simulación del cerebro, el modelado de la resolución de problemas humanos, la lógica formal, las grandes bases de datos de conocimiento y la imitación del comportamiento animal. En las primeras décadas del siglo XXI, el aprendizaje automático altamente matemático y estadístico ha dominado el campo, y esta técnica ha demostrado ser muy exitosa, ayudando a resolver muchos problemas desafiantes en toda la industria y el mundo académico.

Los distintos subcampos de la investigación en IA se centran en objetivos particulares y en el uso de herramientas concretas. Los objetivos tradicionales de la

3

investigación en IA incluyen el razonamiento, la representación del conocimiento, la planificación, el aprendizaje, el procesamiento del lenguaje natural, la percepción y la capacidad de mover y manipular objetos. La inteligencia general (la capacidad de resolver un problema arbitrario) es uno de los objetivos a largo plazo de este campo. Para resolver estos problemas, los investigadores de la IA han adaptado e integrado una amplia gama de técnicas de resolución de problemas, como la búsqueda y la optimización matemática, la lógica formal, las redes neuronales artificiales y los métodos basados en la estadística, la probabilidad y la economía. La IA también se basa en la informática, la psicología, la lingüística, la filosofía y muchos otros campos.

El campo se fundó en la suposición de que la inteligencia humana "puede describirse con tanta precisión que se puede hacer una máquina que la simule". Esto suscitó argumentos filosóficos sobre la mente y las consecuencias éticas de crear seres artificiales dotados de una inteligencia similar a la humana; estas cuestiones ya habían sido exploradas por el mito, la ficción y la filosofía desde la antigüedad. Desde entonces, informáticos y filósofos han sugerido que la IA puede convertirse en un riesgo existencial para la humanidad si no se orientan sus capacidades racionales hacia objetivos beneficiosos. El término inteligencia artificial también ha sido criticado por exagerar las verdaderas capacidades tecnológicas de la IA.

Índice

Historia de la IA

La historia de la inteligencia artificial (IA) comenzó en la Antigüedad, con mitos, historias y rumores de seres artificiales dotados de inteligencia o conciencia por maestros artesanos. Las semillas de la IA moderna fueron plantadas por filósofos que intentaron describir el proceso del pensamiento humano como la manipulación mecánica de símbolos. Este trabajo culminó con la invención del ordenador digital programable en la década de 1940, una máquina basada en la esencia abstracta del razonamiento matemático. Este dispositivo y las ideas que lo sustentaban inspiraron a un puñado de científicos que empezaron a debatir seriamente la posibilidad de construir un cerebro electrónico.

El campo de investigación de la IA se fundó en un taller celebrado en el campus del Dartmouth College (EE.UU.) durante el verano de 1956. Los asistentes se convertirían en los líderes de la investigación sobre IA durante décadas. Muchos de ellos predijeron que existiría una máquina tan inteligente como un ser humano en no más de una generación, y recibieron millones de dólares para hacer realidad esta visión.

13

Con el tiempo, se hizo evidente que los desarrolladores e investigadores comerciales habían subestimado enormemente la dificultad del proyecto. En 1974, en respuesta a las críticas de James Lighthill y a las continuas presiones del Congreso, los Gobiernos estadounidense y británico dejaron de financiar la investigación no dirigida sobre inteligencia artificial, y los difíciles años que siguieron se conocerían más tarde como el "invierno de la IA". Siete años después, una iniciativa visionaria del Gobierno japonés inspiró a gobiernos e industria para dotar a la IA de miles de millones de dólares, pero a finales de los 80 los inversores se desilusionaron y volvieron a retirar la financiación.

La inversión y el interés por la IA se dispararon en las primeras décadas del siglo XXI, cuando el aprendizaje automático se aplicó con éxito a muchos problemas del mundo académico y la industria gracias a nuevos métodos, la aplicación de potentes equipos informáticos y la recopilación de inmensos conjuntos de datos.

Mitos y leyendas

En la mitología griega, Talos era un gigante de bronce que actuaba como guardián de la isla de Creta. Lanzaba rocas a los barcos invasores y daba tres vueltas diarias al perímetro de la isla. Según la *Bibliotheke* del pseudo-Apolodoro, Hefesto forjó a Talos con la ayuda de un cíclope y regaló el autómata a Minos. En la Argonáutica, Jasón y los argonautas lo derrotaron mediante un único tapón cerca de su pie que, una vez retirado, permitió que el icor vital fluyera de su cuerpo y lo dejara inanimado.

Pigmalión fue un legendario rey y escultor de la mitología griega, célebremente representado en *las Metamorfosis* de Ovidio. En el décimo libro del poema narrativo de Ovidio, Pigmalión siente asco por las mujeres al ver cómo se prostituyen los Propoetides. A pesar de ello, hace ofrendas en el templo de Venus pidiendo a la diosa que le traiga una mujer igual a una estatua que él talló. El primer relato escrito sobre la fabricación de gólems se encuentra en los escritos de Eleazar ben Judah de Worms a principios del siglo XIII. Durante la Edad Media, se creía que la animación de un Golem podía lograrse introduciendo en la boca de la figura de arcilla un trozo de papel con cualquiera de los nombres de Dios. A diferencia de los autómatas legendarios, como las cabezas de bronce, el Golem no podía hablar.

Medios alquímicos de inteligencia artificial

En *De la naturaleza de las cosas*, escrito por el alquimista de origen suizo Paracelso, describe un procedimiento que, según él, puede fabricar un "hombre artificial". Colocando el "esperma de un hombre" en estiércol de caballo, y alimentándolo con el "arcano de la sangre de Mans" al cabo de 40 días, el brebaje se convertirá en un bebé vivo. *Takwin*, la creación artificial de vida, era un tema frecuente de los manuscritos alquímicos ismailíes, especialmente los atribuidos a Jabir ibn Hayyan. Los alquimistas islámicos intentaron crear una amplia gama de formas de vida a través de su trabajo, desde plantas hasta animales. En Fausto: Segunda parte de la tragedia de Johann Wolfgang von Goethe, un homúnculo fabricado alquímicamente, destinado a vivir para siempre en el frasco en el que fue hecho, intenta nacer en un cuerpo humano completo. Sin embargo, al iniciarse esta transformación, el frasco se rompe y el homúnculo muere.

Ficción moderna

En el siglo XIX, las ideas sobre hombres artificiales y máquinas pensantes se desarrollaron en la ficción, como en *Frankenstein* de Mary Shelley o *R.U.R. (Rossum's Universal Robots)* de Karel Čapek, y en la especulación, como en "Darwin entre las máquinas" de Samuel Butler, y en casos del mundo real, como "El jugador de ajedrez de Maelzel" de Edgar Allan Poe.La IA se ha convertido en un tema habitual de la ciencia ficción hasta la actualidad.

Autómatas

Autómatas humanoides realistas fueron construidos por artesanos de todas las civilizaciones, entre ellos Yan Shi,Héroe de Alejandría,Al-Jazari,Pierre Jaquet-Droz y Wolfgang von Kempelen.Los autómatas más antiguos que se conocen son las estatuas sagradas del antiguo Egipto y Grecia. Los fieles creían que los artesanos habían imbuido a estas figuras de mentes muy reales, capaces de sabiduría y emoción-Hermes Trismegisto escribió que "al descubrir la verdadera naturaleza de los dioses, el hombre ha sido capaz de reproducirla".

A principios de la Edad Moderna, se decía que estos autómatas legendarios poseían la capacidad mágica de responder a las preguntas que se les formulaban. Se dice que el alquimista y erudito Roger Bacon fabricó una cabeza de bronce y desarrolló la leyenda de que había sido un mago. Estas leyendas eran similares al mito nórdico de la Cabeza de Mímir. Según la leyenda, Mímir era conocido por su intelecto y sabiduría, y fue decapitado en la guerra Æsir-Vanir. Se dice que Odín "embalsamó" la cabeza con hierbas y pronunció conjuros sobre ella para que la cabeza de Mímir siguiera siendo capaz de transmitir sabiduría a Odín. Odín mantuvo entonces la cabeza cerca de él para aconsejarle.

Razonamiento formal

La inteligencia artificial se basa en la suposición de que el proceso del pensamiento humano puede mecanizarse. El estudio del razonamiento mecánico o "formal" tiene una larga historia. Filósofos chinos, indios y griegos desarrollaron métodos estructurados de deducción formal en el primer milenio antes de Cristo. Sus ideas fueron desarrolladas a lo largo de los siglos por filósofos como Aristóteles (que hizo un análisis formal del silogismo), Euclides (cuyos *Elementos* eran un modelo de razonamiento formal), al-Khwārizmī (que desarrolló el álgebra y dio nombre al "algoritmo") y filósofos escolásticos europeos como Guillermo de Ockham y Duns Escoto.

El filósofo español Ramon Llull (1232-1315) desarrolló varias *máquinas lógicas* dedicadas a la producción de conocimiento por medios lógicos; Llull describió sus máquinas como entidades mecánicas que podían combinar verdades básicas e innegables mediante simples operaciones lógicas, producidas por la máquina mediante significados mecánicos, de tal forma que producían todo el conocimiento posible. La obra de Llull ejerció una gran influencia sobre Gottfried Leibniz, que volvió a desarrollar sus ideas.

En el siglo XVII, Leibniz, Thomas Hobbes y René Descartes exploraron la posibilidad de que todo pensamiento racional pudiera hacerse tan sistemático como el álgebra o la geometría. Hobbes escribió en su famoso *Leviatán*: "la razón no es más que un cálculo". Leibniz imaginó un lenguaje universal del razonamiento, la *characteristica universalis*, que reduciría la argumentación al cálculo, de modo que "no habría más necesidad de disputa entre dos filósofos que entre dos contables. Pues bastaría con que tomaran sus lápices en la mano, bajaran a sus pizarras y se dijeran el uno al otro (con un amigo como testigo, si querían): *Calculemos*". Estos filósofos habían empezado a articular la hipótesis del sistema de símbolos físicos que se convertiría en la fe rectora de la investigación en IA.

En el siglo XX, el estudio de la lógica matemática proporcionó el avance esencial que hizo que la inteligencia artificial pareciera plausible. Obras como *Las leyes del pensamiento,* de Boole, y *Begriffsschrift*, de Frege, habían sentado las bases. Basándose en el sistema de Frege, Russell y Whitehead presentaron en 1913 un tratamiento formal de los fundamentos de las matemáticas en su obra maestra, los *Principia Mathematica*. Inspirado por el éxito de Russell, David Hilbert retó a los matemáticos de los años 20 y 30 a responder a esta pregunta fundamental: "¿Puede formalizarse todo el razonamiento matemático? "Su pregunta fue respondida por la prueba de incompletitud de Gödel, la máquina de Turing y el cálculo lambda de Church.

Su respuesta fue sorprendente en dos sentidos. En primer lugar, demostraron que, de hecho, había límites a lo que la lógica matemática podía lograr. Pero en segundo lugar (y más importante para la IA) su trabajo sugería que, dentro de esos límites, *cualquier* forma de razonamiento matemático podía mecanizarse. La tesis de Church-Turing implicaba que un dispositivo mecánico que barajara símbolos tan simples como 0 y 1 podía imitar cualquier proceso concebible de deducción matemática. La idea clave era la máquina de Turing, una construcción teórica sencilla que captaba la esencia de la manipulación abstracta de símbolos. Este invento inspiró a un puñado de científicos que empezaron a debatir la posibilidad de crear máquinas pensantes.

Informática

Las máquinas de calcular fueron construidas en la antigüedad y mejoradas a lo largo de la historia por

22

muchos matemáticos, entre ellos (una vez más) el filósofo Gottfried Leibniz. A principios del siglo XIX, Charles Babbage diseñó un ordenador programable (la Máquina Analítica), aunque nunca llegó a construirse. Ada Lovelace especuló con que la máquina "podría componer piezas musicales elaboradas y científicas de cualquier grado de complejidad o extensión". (A menudo se la considera la primera programadora por un conjunto de notas que escribió y que detallan por completo un método para calcular los números de Bernoulli con la Máquina).

Después de Babbage, aunque al principio desconocía su trabajo anterior, fue Percy Ludgate, empleado de un comerciante de maíz de Dublín (Irlanda). Ludgate diseñó de forma independiente un ordenador mecánico programable, que describió en una obra publicada en 1909.

Otros dos inventores, Leonardo Torres y Quevedo y Vannevar Bush, también realizaron investigaciones de seguimiento basadas en el trabajo de Babbage.

En sus *Ensayos sobre Automática* (1913) Torres diseñó una máquina calculadora del tipo Babbage que utilizaba piezas electromecánicas y que incluía representaciones de números en coma flotante, y construyó un prototipo en 1920. Torres también es conocido por haber construido en 1912 una máquina autónoma capaz de jugar al ajedrez, *El Ajedrecista*. A diferencia de El Turco y Ajeeb, operados por humanos, El *Ajedrecista era un* auténtico autómata que podía jugar al ajedrez sin guía humana. Sólo jugaba un final con tres piezas de ajedrez, moviendo automáticamente un rey blanco y una torre para dar jaque mate al rey negro movido por un oponente humano.

El artículo de Vannevar Bush *Instrumental Analysis* (1936) analizaba la utilización de las máquinas de tarjetas perforadas IBM existentes para aplicar el diseño de Babbage. Ese mismo año inició el proyecto Rapid Arithmetical Machine para investigar los problemas de construcción de un ordenador digital electrónico.

Los primeros ordenadores modernos fueron las enormes máquinas descifradoras de códigos de la Segunda Guerra Mundial (como Z3, ENIAC y Colossus). Estas dos últimas máquinas se basaban en los fundamentos teóricos establecidos por Alan Turing y desarrollados por John von Neumann.

El nacimiento de la inteligencia artificial 1952-1956

En los años 40 y 50, un puñado de científicos de diversos campos (matemáticas, psicología, ingeniería, economía y ciencias políticas) empezaron a debatir la posibilidad de crear un cerebro artificial. El campo de investigación de la inteligencia artificial se fundó como disciplina académica en 1956.

Cibernética y primeras redes neuronales

Las primeras investigaciones sobre máquinas pensantes se inspiraron en una confluencia de ideas que se impusieron a finales de los años 30, 40 y principios de los 50 del siglo XX. Investigaciones recientes en neurología habían demostrado que el cerebro era una red eléctrica de neuronas que se disparaban en pulsos de todo o nada. La cibernética de Norbert Wiener describía el control y la estabilidad de las redes eléctricas. La teoría de la información de Claude Shannon describe las señales digitales (es decir, señales de todo o nada). La teoría de la computación de Alan Turing demostró que cualquier forma de computación podía describirse digitalmente. La estrecha relación entre estas ideas sugirió que sería posible construir un cerebro electrónico.

Ejemplos de trabajos en esta línea son robots como las tortugas de W. Grey Walter y la Bestia de Johns Hopkins. Estas máquinas no utilizaban ordenadores, electrónica digital ni razonamiento simbólico; se controlaban totalmente mediante circuitos analógicos.

Walter Pitts y Warren McCulloch analizaron en 1943 redes de neuronas artificiales idealizadas y mostraron cómo podían realizar funciones lógicas sencillas. Fueron los primeros en describir lo que investigadores posteriores llamarían red neuronal. Uno de los estudiantes inspirados por Pitts y McCulloch fue un joven Marvin Minsky, entonces un estudiante de posgrado de 24 años. En 1951 (con Dean Edmonds) construyó la primera máquina de redes neuronales, el SNARC.Minsky se convertiría en uno de los líderes e innovadores más importantes de la IA durante los 50 años siguientes.

Prueba de Turing

En 1950, Alan Turing publicó un artículo histórico en el que especulaba sobre la posibilidad de crear máquinas que pensaran. Observó que "pensar" es difícil de definir e ideó su famoso Test de Turing. Si una máquina podía mantener una conversación (a través de una teleimpresora) que no se distinguía de una conversación con un ser humano, era razonable afirmar que la máquina "pensaba". Esta versión simplificada del problema permitió a Turing argumentar de forma convincente que una "máquina pensante" era al menos *plausible*, y el documento respondía a todas las objeciones más comunes a la proposición. El Test de Turing fue la primera propuesta seria en la filosofía de la inteligencia artificial.

IA del juego

En 1951, utilizando la máquina Ferranti Mark 1 de la Universidad de Manchester, Christopher Strachey escribió un programa de damas y Dietrich Prinz uno de ajedrez. El programa de damas de Arthur Samuel, desarrollado a mediados de los 50 y principios de los 60, llegó a alcanzar una habilidad suficiente para desafiar a un aficionado respetable. La IA de juegos seguiría utilizándose como medida del progreso de la IA a lo largo de su historia.

El razonamiento simbólico y el teórico de la lógica

Cuando a mediados de los años cincuenta fue posible acceder a los ordenadores digitales, algunos científicos reconocieron instintivamente que una máquina que podía manipular números también podía manipular símbolos y que la manipulación de símbolos bien podía ser la esencia del pensamiento humano. Se trataba de un nuevo enfoque para crear máquinas pensantes.

En 1955, Allen Newell y Herbert A. Simon (futuro Premio Nobel) crearon el "Teórico de la Lógica" (con la ayuda de J. C. Shaw). El programa acabaría demostrando 38 de los 52 primeros teoremas de los *Principia Mathematica* de Russell y Whitehead, y encontraría pruebas nuevas y más elegantes para algunos.Simon dijo que habían "resuelto el venerable problema mente/cuerpo, explicando cómo un sistema compuesto de materia puede tener las propiedades de la mente"(Esta fue una declaración temprana de la posición filosófica que John Searle llamaría más tarde "IA fuerte": que las máquinas pueden contener mentes al igual que los cuerpos humanos).

Taller de Dartmouth 1956: el nacimiento de la IA

El taller de Dartmouth de 1956 fue organizado por Marvin Minsky, John McCarthy y dos científicos de alto nivel: Claude Shannon y Nathan Rochester, de IBM. La propuesta para la conferencia incluía esta afirmación "Entre los participantes se encontraban Ray Solomonoff, Oliver Selfridge, Trenchard More, Arthur Samuel, Allen Newell y Herbert A. Simon, todos los cuales crearían importantes programas durante las primeras décadas de investigación en IA.En el taller, Newell y Simon estrenaron el "Teórico de la Lógica" y McCarthy convenció a los asistentes para que aceptaran "Inteligencia Artificial" como nombre del campo.El taller de Dartmouth de 1956 fue el momento en el que la IA adquirió su nombre, su misión, sus primeros éxitos y sus principales protagonistas, y está ampliamente considerado como el nacimiento de la IA. McCarthy eligió el término "Inteligencia Artificial" para evitar asociaciones con la cibernética y conexiones con el influyente cibernético Norbert Wiener.

IA simbólica 1956-1974

Los programas desarrollados en los años posteriores al Taller de Dartmouth fueron, para la mayoría de la gente, sencillamente "asombrosos": los ordenadores resolvían problemas de álgebra, demostraban teoremas de geometría y aprendían a hablar inglés. Pocos habrían creído entonces que ese comportamiento "inteligente" de las máquinas fuera posible. Los investigadores expresaron un intenso optimismo en privado y en la prensa, prediciendo que se construiría una máquina totalmente inteligente en menos de 20 años. Agencias gubernamentales como DARPA invirtieron dinero en este nuevo campo.

Enfoques

Hubo muchos programas de éxito y nuevas orientaciones a finales de los años 50 y en la década de 1960. Entre los más influyentes estaban estos:

El razonamiento como búsqueda

Muchos de los primeros programas de IA utilizaban el mismo algoritmo básico. Para alcanzar un objetivo (como ganar una partida o demostrar un teorema), avanzaban paso a paso hacia él (realizando un movimiento o una deducción) como si buscaran en un laberinto, retrocediendo cada vez que llegaban a un callejón sin salida. Este paradigma se denominó "razonamiento como búsqueda".

La principal dificultad era que, para muchos problemas, el número de caminos posibles a través del "laberinto" era sencillamente astronómico (una situación conocida como "explosión combinatoria"). Los investigadores reducían el espacio de búsqueda utilizando heurísticas o "reglas empíricas" que eliminaban los caminos que tenían pocas probabilidades de conducir a una solución.

Newell y Simon intentaron plasmar una versión general de este algoritmo en un programa llamado "General Problem Solver". Otros programas de "búsqueda" fueron capaces de realizar tareas impresionantes, como resolver problemas de geometría y álgebra, como el Geometry Theorem Prover de Herbert Gelernter (1958) y SAINT, escrito por James Slagle, alumno de Minsky (1961). Otros programas buscaban entre metas y submetas para planificar acciones, como el sistema STRIPS desarrollado en Stanford para controlar el comportamiento de su robot Shakey.

Lenguaje natural

31

Un objetivo importante de la investigación en IA es permitir que los ordenadores se comuniquen en lenguajes naturales como el inglés. Uno de los primeros éxitos fue el programa STUDENT de Daniel Bobrow, capaz de resolver problemas de álgebra de secundaria.

Una red semántica representa conceptos (por ejemplo, "casa", "puerta") como nodos y relaciones entre conceptos (por ejemplo, "tiene-a") como enlaces entre los nodos. El primer programa de inteligencia artificial que utilizó una red semántica fue escrito por Ross Quillian y la versión más exitosa (y controvertida) fue la teoría de la dependencia conceptual de Roger Schank.

ELIZA, de Joseph Weizenbaum, podía mantener conversaciones tan realistas que, en ocasiones, se engañaba a los usuarios haciéndoles creer que se comunicaban con un ser humano y no con un programa (véase el efecto ELIZA). Pero en realidad, ELIZA no tenía ni idea de lo que estaba hablando. Simplemente daba una respuesta enlatada o repetía lo que se le decía, reformulando su respuesta con algunas reglas gramaticales. ELIZA fue el primer chatterbot.

Micromundos

A finales de los años 60, Marvin Minsky y Seymour Papert, del Laboratorio de Inteligencia Artificial del MIT, propusieron que la investigación en IA se centrara en situaciones artificialmente sencillas, conocidas como micromundos. Señalaron que en ciencias de éxito como la física, los principios básicos solían entenderse mejor utilizando modelos simplificados como planos sin fricción o cuerpos perfectamente rígidos. Gran parte de la investigación se centró en un "mundo de bloques", formado por bloques de colores de distintas formas y tamaños dispuestos sobre una superficie plana.

Este paradigma dio lugar a trabajos innovadores en visión artificial por parte de Gerald Sussman (que dirigió el equipo), Adolfo Guzmán, David Waltz (que inventó la "propagación de restricciones") y, sobre todo, Patrick Winston. Al mismo tiempo, Minsky y Papert construyeron un brazo robótico que podía apilar bloques, dando vida al mundo de los bloques. El mayor logro del programa de micromundos fue el SHRDLU de Terry Winograd. Podía comunicarse con frases corrientes en inglés, planificar operaciones y ejecutarlas.

33

Autómatas

En Japón, la Universidad de Waseda inició el proyecto WABOT en 1967, y en 1972 completó el WABOT-1, el primer robot humanoide "inteligente" o androide a escala real del mundo. Su sistema de control de extremidades le permitía caminar con las extremidades inferiores y agarrar y transportar objetos con las manos, utilizando sensores táctiles. Su sistema de visión le permitía medir distancias y direcciones de objetos mediante receptores externos, ojos y oídos artificiales. Y su sistema de conversación le permitía comunicarse con una persona en japonés, con una boca artificial.

Optimismo

La primera generación de investigadores de IA hizo estas predicciones sobre su trabajo:

- 1958, H. A. Simon y Allen Newell: "dentro de diez años un ordenador digital será el campeón mundial de ajedrez" y "dentro de diez años un ordenador digital descubrirá y demostrará un nuevo e importante teorema matemático".

- 1965, H. A. Simon: "las máquinas serán capaces, dentro de veinte años, de hacer cualquier trabajo que pueda hacer un hombre".
- 1967, Marvin Minsky: "Dentro de una generación ... el problema de crear 'inteligencia artificial' estará sustancialmente resuelto".
- 1970, Marvin Minsky (en la revista *Life*): "En un plazo de tres a ocho años tendremos una máquina con la inteligencia general de un ser humano medio".

Financiación

En junio de 1963, el MIT recibió una subvención de 2,2 millones de dólares de la recién creada Agencia de Proyectos de Investigación Avanzada (más tarde conocida como DARPA). El dinero se utilizó para financiar el proyecto MAC, que subsumía el "Grupo de Inteligencia Artificial" fundado por Minsky y McCarthy cinco años antes. DARPA siguió aportando tres millones de dólares anuales hasta los años 70. DARPA concedió subvenciones similares al programa de Newell y Simon en la CMU y al Proyecto de IA de Stanford (fundado por John McCarthy en 1963). En 1965, Donald Michie creó otro importante laboratorio de IA en la Universidad de Edimburgo, y estas cuatro instituciones seguirían siendo los principales centros de investigación (y financiación) de IA en el mundo académico durante muchos años.

El dinero se ofrecía con pocas condiciones: J. C. R. Licklider, entonces director de ARPA, creía que su organización debía "financiar a personas, no proyectos" y permitía a los investigadores seguir cualquier camino que les interesara. Esto creó una atmósfera de libertad en el MIT que dio origen a la cultura hacker.

El primer invierno AI 1974-1980

En la década de 1970, la IA fue objeto de críticas y reveses financieros. Los investigadores no se habían dado cuenta de la dificultad de los problemas a los que se enfrentaban. Su tremendo optimismo había creado unas expectativas imposiblemente altas y, cuando los resultados prometidos no se materializaron, la financiación de la IA desapareció. Al mismo tiempo, el campo del conexionismo (o redes neuronales) se cerró casi por completo durante 10 años por las críticas devastadoras de Marvin Minsky a los perceptrones.A pesar de las dificultades con la percepción pública de la IA a finales de los 70, se exploraron nuevas ideas en la programación lógica, el razonamiento de sentido común y muchas otras áreas.

Los problemas de la IA

A principios de los setenta, las capacidades de los programas de IA eran limitadas. Incluso los más impresionantes sólo podían manejar versiones triviales de los problemas que debían resolver; todos los programas eran, en cierto sentido, "juguetes". En los años 70, los investigadores de la IA empezaron a toparse con varios límites fundamentales que no podían superarse. Aunque algunos de estos límites se superarían en décadas posteriores, otros siguen obstaculizando el campo hasta el día de hoy.

- Potencia informática limitada: no había suficiente memoria ni velocidad de procesamiento para lograr algo realmente útil. Por ejemplo, el exitoso trabajo de Ross Quillian sobre el lenguaje natural se demostró con un vocabulario de sólo *veinte* palabras, porque era todo lo que cabía en la memoria. Hans Moravec argumentó en 1976 que los ordenadores seguían siendo millones de veces demasiado débiles para mostrar inteligencia. Sugirió una analogía: la inteligencia artificial requiere potencia informática del mismo modo que los aviones requieren caballos de potencia. Por debajo de cierto umbral, es imposible, pero, a medida que aumenta la potencia, con el tiempo podría llegar a ser fácil. Por lo que respecta a la visión por ordenador, Moravec calcula que para igualar en tiempo real las capacidades de detección de bordes y movimiento de la retina humana se necesitaría un ordenador de propósito general capaz de realizar 10^9 operaciones/segundo (1000 MIPS). En 2011, las aplicaciones prácticas de visión por ordenador requerían entre 10.000 y 1.000.000 de MIPS. En comparación, el superordenador más rápido de 1976, el Cray-1 (con un precio de venta al público de entre 5 y 8 millones de dólares), solo era capaz de realizar entre 80 y 130 MIPS, y un ordenador de sobremesa típico de la época alcanzaba menos de 1 MIPS.

- Intratabilidad y explosión combinatoria. En 1972, Richard Karp (basándose en el teorema de Stephen Cook de 1971) demostró que hay muchos problemas que probablemente sólo puedan resolverse en tiempo exponencial (en el tamaño de las entradas). Encontrar soluciones óptimas a estos problemas requiere cantidades inimaginables de tiempo de ordenador, excepto cuando los problemas son triviales. Esto significa que muchas de las soluciones "de juguete" utilizadas por la IA probablemente nunca se convertirán en sistemas útiles.

- Conocimiento y razonamiento de sentido común. Muchas aplicaciones importantes de la inteligencia artificial, como la visión o el lenguaje natural, requieren simplemente enormes cantidades de información sobre el mundo: el programa necesita tener alguna idea de lo que puede estar mirando o de lo que está hablando. Esto requiere que el programa conozca la mayoría de las mismas cosas sobre el mundo que un niño. Los investigadores pronto descubrieron que se trataba de una cantidad de información realmente *ingente*. En 1970 nadie podía construir una base de datos tan grande y nadie sabía cómo un programa podía aprender tanta información.

- La paradoja de Moravec: demostrar teoremas y resolver problemas de geometría es comparativamente fácil para los ordenadores, pero una tarea supuestamente sencilla como reconocer una cara o cruzar una habitación sin chocar con nada es extremadamente difícil. Esto ayuda a explicar por qué la investigación en visión y robótica había progresado tan poco a mediados de la década de 1970.

- Los problemas de marco y cualificación. Los investigadores en IA (como John McCarthy) que utilizaban la lógica descubrieron que no podían representar deducciones ordinarias que implicaban planificación o razonamiento por defecto sin hacer cambios en la estructura de la propia lógica. Desarrollaron nuevas lógicas (como las lógicas no monotónicas y las lógicas modales) para intentar resolver los problemas.

Fin de la financiación

Las agencias que financiaban la investigación en IA (como el gobierno británico, DARPA y NRC) se sintieron frustradas por la falta de avances y acabaron por suprimir casi toda la financiación de la investigación no dirigida en IA. El patrón comenzó ya en 1966, cuando apareció el informe ALPAC criticando los esfuerzos de traducción automática. En 1973, el informe Lighthill sobre el estado de la investigación en IA en Inglaterra criticaba el fracaso absoluto de la IA a la hora de alcanzar sus "grandiosos objetivos" y llevó al desmantelamiento de la investigación en IA en ese país (el informe mencionaba específicamente el problema de la explosión combinatoria como una de las razones de los fracasos de la IA). DARPA se sintió profundamente decepcionada con los investigadores que trabajaban en el programa de investigación sobre comprensión del habla de la CMU y canceló una subvención anual de tres millones de dólares.

Hans Moravec culpó de la crisis a las predicciones poco realistas de sus colegas. "Sin embargo, había otro problema: desde la aprobación de la Enmienda Mansfield en 1969, DARPA había estado sometida a una presión cada vez mayor para financiar "la investigación directa orientada a misiones, en lugar de la investigación básica no dirigida". La financiación de la exploración creativa y libre que se había llevado a cabo en los años 60 no procedería de DARPA. En su lugar, el dinero se destinó a proyectos específicos con objetivos claros, como tanques autónomos y sistemas de gestión de batallas.

Críticas de todo el campus

42

Varios filósofos se opusieron firmemente a las afirmaciones de los investigadores de la IA. Uno de los primeros fue John Lucas, que sostenía que el teorema de incompletitud de Gödel demostraba que un sistema formal (como un programa informático) nunca podría ver la verdad de ciertas afirmaciones, mientras que un ser humano sí. Hubert Dreyfus ridiculizó las promesas incumplidas de la década de 1960 y criticó los supuestos de la IA, argumentando que el razonamiento humano en realidad implicaba muy poco "procesamiento de símbolos" y una gran cantidad de "saber hacer" incorporado, instintivo e inconsciente. El argumento de la habitación china de John Searle, presentado en 1980, intentaba demostrar que no se podía decir que un programa "entendiera" los símbolos que utiliza (una cualidad denominada "intencionalidad"). Según Searle, si los símbolos no tienen significado para la máquina, ésta no puede considerarse "pensante".

Los investigadores en IA no se tomaron en serio estas críticas, a menudo porque parecían muy alejadas de la realidad. Problemas como la intratabilidad y el conocimiento del sentido común parecían mucho más inmediatos y serios. No estaba claro qué diferencia había

43

entre "saber cómo" o "intencionalidad" en un programa informático real. Minsky dijo de Dreyfus y Searle que "no entienden nada y deberían ser ignorados". Dreyfus, que enseñaba en el MIT, recibió un trato frío: más tarde dijo que los investigadores de IA "no se atrevían a ser vistos almorzando conmigo". Joseph Weizenbaum, autor de ELIZA, consideraba que el trato de sus colegas a Dreyfus era poco profesional e infantil. Aunque criticaba abiertamente las posiciones de Dreyfus, "dejó claro deliberadamente que la suya no era la forma de tratar a un ser humano".

Weizenbaum empezó a tener serias dudas éticas sobre la IA cuando Kenneth Colby escribió un "programa informático que puede llevar a cabo un diálogo psicoterapéutico" basado en ELIZA. A Weizenbaum le molestaba que Colby considerara un programa sin sentido como una herramienta terapéutica seria. Comenzó una disputa, y la situación no mejoró cuando Colby no dio crédito a Weizenbaum por su contribución al programa. En 1976, Weizenbaum publicó *Computer Power and Human Reason (El poder del ordenador y la razón humana)*, en el que sostenía que el mal uso de la inteligencia artificial puede devaluar la vida humana.

Los perceptrones y el ataque al conexionismo

El perceptrón es una forma de red neuronal introducida en 1958 por Frank Rosenblatt, compañero de Marvin Minsky en la Bronx High School of Science. Como la mayoría de los investigadores de IA, era optimista sobre su potencia y predecía que "el perceptrón podría llegar a ser capaz de aprender, tomar decisiones y traducir idiomas". A lo largo de la década de 1960 se llevó a cabo un activo programa de investigación sobre el paradigma, pero se interrumpió bruscamente con la publicación del libro *Perceptrones,* de Minsky y Papert, en 1969. En él se sugería que los perceptrones tenían graves limitaciones y que las predicciones de Frank Rosenblatt eran exageradas. El efecto del libro fue devastador: prácticamente no se investigó sobre conexionismo durante 10 años. Con el tiempo, una nueva generación de investigadores reviviría el campo y a partir de entonces se convertiría en una parte vital y útil de la inteligencia artificial. Rosenblatt no viviría para verlo, ya que murió en un accidente de barco poco después de la publicación del libro.

Lógica y razonamiento simbólico: los "neats"

La lógica se introdujo en la investigación de la IA ya en 1959, de la mano de John McCarthy en su propuesta Advice Taker. En 1963, J. Alan Robinson había descubierto un método sencillo para aplicar la deducción en los ordenadores, el algoritmo de resolución y unificación. Sin embargo, las implementaciones directas, como las que intentaron McCarthy y sus estudiantes a finales de los 60, eran especialmente intratables: los programas requerían un número astronómico de pasos para demostrar teoremas sencillos. En los años 70, Robert Kowalski, de la Universidad de Edimburgo, desarrolló un enfoque más fructífero de la lógica, que pronto dio lugar a la colaboración con los investigadores franceses Alain Colmerauer y Philippe Roussel, quienes crearon el exitoso lenguaje de programación lógica Prolog, que utiliza un subconjunto de la lógica (las cláusulas de Horn, estrechamente relacionadas con las "reglas" y las "reglas de producción") que permiten un cálculo manejable. Las reglas seguirían siendo influyentes y sentarían las bases de los sistemas expertos de Edward Feigenbaum y de los trabajos de Allen Newell y Herbert A. Simon, que darían lugar a Soar y sus teorías unificadas de la cognición.

Los críticos del enfoque lógico señalaron, como había hecho Dreyfus, que los seres humanos rara vez utilizaban la lógica cuando resolvían problemas. Los experimentos de psicólogos como Peter Wason, Eleanor Rosch, Amos Tversky, Daniel Kahneman y otros lo demostraban. McCarthy respondió que lo que hacen las personas es irrelevante y que lo que realmente se necesitan son máquinas capaces de resolver problemas, no máquinas que piensen como las personas.

Marcos y guiones: las "refriegas"

Entre los críticos del planteamiento de McCarthy estaban sus colegas del otro lado del país, en el MIT. Marvin Minsky, Seymour Papert y Roger Schank intentaban resolver problemas como la "comprensión de historias" y el "reconocimiento de objetos" que *exigían* que una máquina pensara como una persona. Para poder utilizar conceptos ordinarios como "silla" o "restaurante", tenían que hacer las mismas suposiciones ilógicas que hacían normalmente las personas. Por desgracia, estos conceptos imprecisos son difíciles de representar en la lógica. Gerald Sussman observó que "utilizar un lenguaje preciso para describir conceptos esencialmente imprecisos

47

no los hace más precisos". Schank describió sus planteamientos "anti-lógicos" como "desaliñados", en contraposición a los paradigmas "pulcros" utilizados por McCarthy, Kowalski, Feigenbaum, Newell y Simon.

En 1975, en un artículo fundamental, Minsky señaló que muchos de sus colegas investigadores "desaliñados" utilizaban el mismo tipo de herramienta: un marco que recoge todas nuestras suposiciones de sentido común sobre algo. Por ejemplo, si utilizamos el concepto de pájaro, hay una constelación de hechos que nos vienen inmediatamente a la mente: podríamos suponer que vuela, que come gusanos, etcétera. Sabemos que estos hechos no siempre son ciertos y que las deducciones que los utilicen no serán "lógicas", pero estos conjuntos estructurados de suposiciones forman parte del *contexto* de todo lo que decimos y pensamos. A estas estructuras las llamó "marcos". Schank utilizó una versión de los marcos que denominó "guiones" para responder con éxito a preguntas sobre relatos cortos en inglés.

Auge 1980-1987

En la década de 1980, las empresas de todo el mundo adoptaron una forma de programa de IA denominada "sistemas expertos" y el conocimiento se convirtió en el centro de la investigación principal sobre IA. En esos mismos años, el gobierno japonés financió agresivamente la IA con su proyecto de ordenadores de quinta generación. Otro acontecimiento alentador a principios de los 80 fue el renacimiento del conexionismo en los trabajos de John Hopfield y David Rumelhart. Una vez más, la IA había alcanzado el éxito.

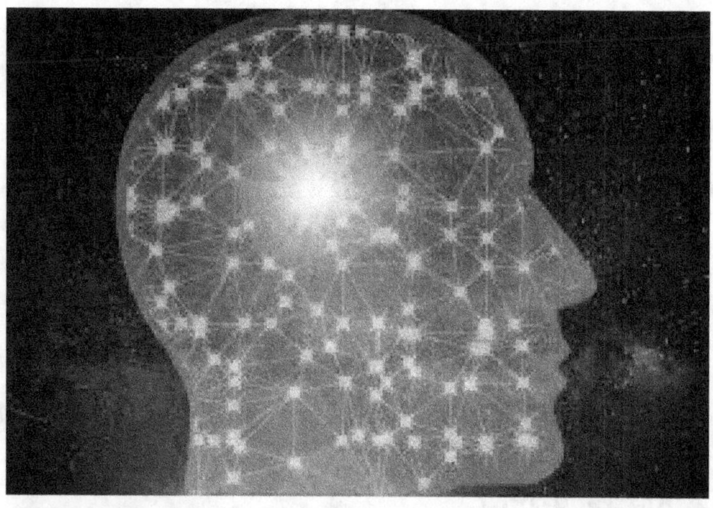

El auge de los sistemas expertos

Un sistema experto es un programa que responde a preguntas o resuelve problemas sobre un dominio específico del conocimiento, utilizando reglas lógicas derivadas de los conocimientos de expertos. Los primeros ejemplos fueron desarrollados por Edward Feigenbaum y sus estudiantes. Dendral, iniciado en 1965, identificaba compuestos a partir de lecturas de espectrómetros. MYCIN, desarrollado en 1972, diagnosticaba enfermedades infecciosas de la sangre. Demostraron la viabilidad del método.

Los sistemas expertos se limitaban a un pequeño dominio de conocimientos específicos (evitando así el problema del conocimiento de sentido común) y su diseño sencillo facilitaba relativamente la construcción de programas y su posterior modificación una vez implantados. En definitiva, los programas demostraron ser *útiles*: algo que la IA no había sido capaz de lograr hasta ese momento.

En 1980, se terminó en la CMU un sistema experto llamado XCON para la Digital Equipment Corporation. Fue un éxito enorme: en 1986 ahorraba a la empresa 40 millones de dólares anuales. Empresas de todo el mundo empezaron a desarrollar e implantar sistemas expertos y en 1985 ya gastaban más de mil millones de dólares en IA, la mayor parte en departamentos internos de IA. Surgió una industria para apoyarles, que incluía empresas de hardware como Symbolics y Lisp Machines y empresas de software como IntelliCorp y Aion.

La revolución del conocimiento

El poder de los sistemas expertos residía en el conocimiento experto que contenían. Formaban parte de una nueva dirección en la investigación de la IA que había ido ganando terreno a lo largo de los años setenta. "Los investigadores de IA empezaban a sospechar -a regañadientes, porque violaba el canon científico de la parsimonia- que la inteligencia podría muy bien basarse en la capacidad de utilizar grandes cantidades de conocimientos diversos de diferentes maneras", escribe Pamela McCorduck. "[L]a gran lección de los años 70 fue que el comportamiento inteligente dependía en gran medida de manejar conocimientos, a veces muy detallados, de un dominio en el que se desarrollaba una tarea determinada". Los sistemas basados en el conocimiento y la ingeniería del conocimiento se convirtieron en uno de los principales focos de investigación de la IA en la década de 1980.

La década de 1980 también vio el nacimiento de Cyc, el primer intento de atacar directamente el problema del conocimiento de sentido común, creando una base de datos masiva que contuviera todos los hechos mundanos que conoce la persona media. Douglas Lenat, que inició y dirigió el proyecto, sostenía que no hay atajos: la única forma de que las máquinas conozcan el significado de los conceptos humanos es enseñarles, concepto a concepto, a mano. No se esperaba que el proyecto estuviera terminado hasta dentro de varias décadas.

Los programas de ajedrez HiTech y Deep Thought derrotaron a maestros del ajedrez en 1989. Ambos fueron desarrollados por la Universidad Carnegie Mellon; el desarrollo de Deep Thought allanó el camino a Deep Blue.

Vuelve el dinero: el proyecto de Quinta Generación

En 1981, el Ministerio japonés de Comercio Internacional e Industria reservó 850 millones de dólares para el proyecto de ordenadores de quinta generación. Sus objetivos eran escribir programas y construir máquinas que pudieran mantener conversaciones, traducir idiomas, interpretar imágenes y razonar como los seres humanos. Para disgusto de los scruffies, eligieron Prolog como lenguaje informático principal del proyecto.

Otros países respondieron con nuevos programas propios. El Reino Unido puso en marcha el proyecto Alvey, dotado con 350 millones de libras. Un consorcio de empresas estadounidenses formó la Microelectronics and Computer Technology Corporation (o "MCC") para financiar proyectos a gran escala en IA y tecnología de la información. DARPA también respondió, fundando la Iniciativa de Computación Estratégica y triplicando su inversión en IA entre 1984 y 1988.

El renacimiento del conexionismo

En 1982, el físico John Hopfield consiguió demostrar que una forma de red neuronal (ahora llamada "red de Hopfield") podía aprender y procesar información de una forma completamente nueva. Por la misma época, Geoffrey Hinton y David Rumelhart popularizaron un método de entrenamiento de redes neuronales llamado "retropropagación", también conocido como el modo inverso de diferenciación automática publicado por Seppo Linnainmaa (1970) y aplicado a las redes neuronales por Paul Werbos. Estos dos descubrimientos contribuyeron a reavivar el campo del conexionismo.

El nuevo campo se unificó e inspiró con la aparición de *Parallel Distributed Processing* en 1986, una colección de dos volúmenes editada por Rumelhart y el psicólogo James McClelland. Las redes neuronales alcanzarían el éxito comercial en la década de 1990, cuando empezaron a utilizarse como motores de programas como el reconocimiento óptico de caracteres y el reconocimiento del habla.

El desarrollo de la integración a muy gran escala (VLSI) de semiconductores de óxido metálico (MOS), en forma de tecnología MOS complementaria (CMOS), permitió el desarrollo de la tecnología práctica de redes neuronales artificiales (RNA) en la década de 1980. En 1989, Carver A. Mead y Mohammed Ismail publicaron el libro *Analog*

VLSI Implementation of Neural Systems, que marcó un hito en este campo.

Busto: el segundo invierno de la IA 1987-1993

La fascinación de la comunidad empresarial por la IA creció y decayó en la década de 1980 siguiendo el patrón clásico de una burbuja económica. El colapso se debió al fracaso de los proveedores comerciales a la hora de desarrollar una amplia variedad de soluciones viables. El fracaso de decenas de empresas hizo pensar que la tecnología no era viable. Sin embargo, el campo siguió avanzando a pesar de las críticas. Numerosos investigadores, entre ellos los desarrolladores de robótica Rodney Brooks y Hans Moravec, abogaron por un enfoque totalmente nuevo de la inteligencia artificial.

Al invierno

El término "invierno de la IA" fue acuñado por investigadores que habían sobrevivido a los recortes de financiación de 1974, cuando empezaron a preocuparse de que el entusiasmo por los sistemas expertos se hubiera descontrolado y de que, sin duda, llegaría la decepción.

Sus temores eran fundados: a finales de los 80 y principios de los 90, la IA sufrió una serie de reveses financieros.

El primer indicio de un cambio de tiempo fue el repentino hundimiento del mercado de hardware especializado en IA en 1987. Los ordenadores de sobremesa de Apple e IBM habían ido ganando velocidad y potencia y en 1987 llegaron a ser más potentes que las máquinas Lisp más caras fabricadas por Symbolics y otros. Ya no había una buena razón para comprarlos. Toda una industria valorada en 500 millones de dólares se vino abajo de la noche a la mañana.

Con el tiempo, los primeros sistemas expertos que tuvieron éxito, como XCON, resultaron demasiado caros de mantener. Eran difíciles de actualizar, no podían aprender, eran "frágiles" (es decir, podían cometer errores grotescos cuando se les daban entradas inusuales) y cayeron presa de problemas (como el problema de la cualificación) que se habían identificado años antes. Los sistemas expertos resultaron útiles, pero sólo en algunos contextos especiales.

A finales de los ochenta, la Iniciativa de Computación Estratégica recortó "profunda y brutalmente" los fondos destinados a la IA. La nueva dirección de DARPA había decidido que la IA no era "la próxima ola" y orientó los fondos hacia proyectos que parecían tener más probabilidades de producir resultados inmediatos.

En 1991, la impresionante lista de objetivos redactada en 1981 para el Proyecto de Quinta Generación de Japón no se había cumplido. De hecho, algunos de ellos, como "mantener una conversación informal", no se habían alcanzado en 2010. Como en otros proyectos de IA, las expectativas eran mucho mayores de lo que realmente era posible.

Más de 300 empresas de IA habían cerrado, quebrado o sido adquiridas a finales de 1993, poniendo fin a la primera oleada comercial de IA. En 1994, HP Newquist afirmó en *The Brain Makers* que "El futuro inmediato de la inteligencia artificial -en su forma comercial- parece depender en parte del éxito continuado de las redes neuronales".

La nueva inteligencia artificial y la razón incorporada

A finales de los años 80, varios investigadores defendieron un enfoque completamente nuevo de la inteligencia artificial, basado en la robótica. Creían que, para mostrar verdadera inteligencia, una máquina necesita tener un *cuerpo*: necesita percibir, moverse, sobrevivir y tratar con el mundo. Sostenían que estas habilidades sensoriomotoras son esenciales para las habilidades de nivel superior, como el razonamiento de sentido común, y que el razonamiento abstracto era en realidad la habilidad humana *menos* interesante o importante (véase la paradoja de Moravec). Abogaban por construir la inteligencia "de abajo arriba".

El planteamiento recuperaba ideas de la cibernética y la teoría del control que habían sido impopulares desde los años sesenta. Otro precursor fue David Marr, que había llegado al MIT a finales de los setenta procedente de una exitosa formación en neurociencia teórica para dirigir el grupo que estudiaba la visión. Rechazó todos los enfoques simbólicos (*tanto la* lógica de McCarthy como los marcos de Minsky), argumentando que la IA necesitaba comprender la maquinaria física de la visión desde la base antes de que tuviera lugar cualquier procesamiento simbólico. (El trabajo de Marr se vería truncado por la leucemia en 1980).

En su artículo de 1990 "Elephants Don't Play Chess" (Los elefantes no juegan al ajedrez), el investigador en robótica Rodney Brooks apuntaba directamente a la hipótesis del sistema de símbolos físicos, argumentando que los símbolos no siempre son necesarios, ya que "el mundo es su mejor modelo. Siempre está exactamente actualizado. Siempre tiene todos los detalles que hay que conocer. El truco está en percibirlo adecuadamente y con la frecuencia suficiente". En las décadas de 1980 y 1990, muchos científicos cognitivos también rechazaron el modelo de procesamiento de símbolos de la mente y argumentaron que el cuerpo era esencial para el razonamiento, una teoría denominada tesis de la mente corporizada.

AI 1993-2011

El campo de la IA, que ya tiene más de medio siglo, alcanzó por fin algunos de sus objetivos más antiguos.

Empezó a utilizarse con éxito en toda la industria tecnológica, aunque un tanto entre bastidores. Parte del éxito se debió a la creciente potencia de los ordenadores y otra parte se consiguió centrándose en problemas específicos aislados y persiguiéndolos con los más altos niveles de responsabilidad científica. Aun así, la reputación de la IA, al menos en el mundo empresarial, no era muy buena. Dentro del campo había poco acuerdo sobre las razones del fracaso de la IA para cumplir el sueño de la inteligencia a nivel humano que había capturado la imaginación del mundo en la década de 1960. En conjunto, todos estos factores contribuyeron a fragmentar la IA en subcampos competidores centrados en problemas o enfoques concretos, a veces incluso con nuevos nombres que disimulaban el empañado pedigrí de la "inteligencia artificial". La IA era más cautelosa y exitosa que nunca.

Hitos y ley de Moore

El 11 de mayo de 1997, Deep Blue se convirtió en el primer sistema informático de ajedrez en derrotar al actual campeón del mundo, Garry Kasparov. El superordenador era una versión especializada de un marco producido por

IBM, y era capaz de procesar el doble de jugadas por segundo que durante el primer enfrentamiento (que Deep Blue había perdido), según los informes 200.000.000 de jugadas por segundo. El acontecimiento se retransmitió en directo por Internet y recibió más de 74 millones de visitas.

En 2005, un robot de Stanford ganó el Gran Desafío DARPA conduciendo de forma autónoma durante 131 millas por un sendero desértico no ensayado. Dos años más tarde, un equipo de la CMU ganó el Desafío Urbano de DARPA al recorrer de forma autónoma 55 millas en un entorno urbano respetando los peligros del tráfico y todas las leyes de circulación. En febrero de 2011, en un partido de exhibición del concurso Jeopardy!, el sistema de respuesta a preguntas de IBM, Watson, derrotó a los dos mayores campeones de Jeopardy!, Brad Rutter y Ken Jennings, por un margen significativo.

Estos éxitos no se debieron a ningún nuevo paradigma revolucionario, sino sobre todo a la tediosa aplicación de habilidades de ingeniería y al tremendo aumento de la velocidad y la capacidad de los ordenadores en la década de los noventa. De hecho, el ordenador de Deep Blue era 10 millones de veces más rápido que el Ferranti Mark 1 al que Christopher Strachey enseñó a jugar al ajedrez en 1951. Este espectacular aumento se mide por la ley de Moore, que predice que la velocidad y la capacidad de memoria de los ordenadores se duplica cada dos años, como resultado de que el número de transistores de óxido metálico-semiconductor (MOS) se duplica cada dos años. El problema fundamental de la "potencia bruta de los ordenadores" se iba superando poco a poco.

Agentes inteligentes

En la década de 1990 se generalizó un nuevo paradigma denominado "agentes inteligentes". Aunque investigadores anteriores habían propuesto enfoques modulares de "divide y vencerás" para la IA, el agente inteligente no alcanzó su forma moderna hasta que Judea Pearl, Allen Newell, Leslie P. Kaelbling y otros introdujeron conceptos de la teoría de la decisión y la economía en el estudio de la IA. Cuando la definición de agente racional de los economistas se unió a la definición de objeto o módulo de la informática, el paradigma del agente inteligente se completó.

Un agente inteligente es un sistema que percibe su entorno y emprende acciones que maximizan sus posibilidades de éxito. Según esta definición, los programas simples que resuelven problemas específicos son "agentes inteligentes", al igual que los seres humanos y las organizaciones de seres humanos, como las empresas. El paradigma del agente inteligente define la investigación en IA como "el estudio de los agentes inteligentes". Se trata de una generalización de algunas definiciones anteriores de IA: va más allá del estudio de la inteligencia humana; estudia todo tipo de inteligencia.

El paradigma dio a los investigadores licencia para estudiar problemas aislados y encontrar soluciones que fueran a la vez verificables y útiles. Proporcionaba un lenguaje común para describir problemas y compartir sus soluciones entre sí y con otros campos que también utilizaban conceptos de agentes abstractos, como la economía y la teoría del control. Se esperaba que una arquitectura de agentes completa (como el SOAR de Newell's) permitiera algún día a los investigadores construir sistemas más versátiles e inteligentes a partir de agentes inteligentes interactuantes.

Razonamiento probabilístico y mayor rigor

Los investigadores de IA empezaron a desarrollar y utilizar herramientas matemáticas sofisticadas más de lo que lo habían hecho en el pasado. Todos se dieron cuenta de que muchos de los problemas que debía resolver la IA ya estaban siendo estudiados por investigadores de campos como las matemáticas, la ingeniería eléctrica, la economía o la investigación operativa. El lenguaje matemático compartido permitía tanto un mayor nivel de colaboración con campos más consolidados y de mayor éxito como la obtención de resultados medibles y demostrables; la IA se había convertido en una disciplina "científica" más rigurosa. Russell y Norvig (2003) lo describen como nada menos que una "revolución". En su libro de texto de 2002 argumentaban que este mayor rigor podía considerarse plausiblemente una "victoria de los neats", pero posteriormente lo matizaron diciendo, en su libro de texto sobre IA de 2020, que "El énfasis actual en el aprendizaje profundo puede representar un resurgimiento de los scruffies".

El influyente libro de Judea Pearl de 1988 introdujo la probabilidad y la teoría de la decisión en la IA. Entre las muchas herramientas nuevas que se utilizaron estaban las redes bayesianas, los modelos ocultos de Markov, la teoría de la información, la modelización estocástica y la optimización clásica. También se desarrollaron descripciones matemáticas precisas para paradigmas de "inteligencia computacional" como las redes neuronales y los algoritmos evolutivos.

La IA entre bastidores

Los algoritmos desarrollados originalmente por investigadores de IA empezaron a aparecer como partes de sistemas más grandes. La IA había resuelto muchos problemas muy difíciles y sus soluciones resultaron útiles en toda la industria tecnológica, como la minería de datos, la robótica industrial, la logística, el reconocimiento de voz, el software bancario, el diagnóstico médico y el motor de búsqueda de Google.

El campo de la IA recibió poco o ningún reconocimiento por estos éxitos en la década de 1990 y principios de la de 2000. Muchas de las grandes innovaciones de la IA han quedado reducidas a un elemento más del arsenal de la informática. Nick Bostrom explica: "Mucha IA de vanguardia se ha filtrado a aplicaciones generales, a menudo sin llamarse IA porque una vez que algo se vuelve lo suficientemente útil y común ya no se etiqueta como IA".

En la década de 1990, muchos investigadores en IA llamaban deliberadamente a su trabajo con otros nombres, como informática, sistemas basados en el conocimiento, sistemas cognitivos o inteligencia computacional. En parte porque consideraban que su campo era fundamentalmente distinto de la IA, pero también porque los nuevos nombres ayudaban a conseguir financiación. Al menos en el mundo comercial, las promesas fallidas del Invierno de la IA siguieron persiguiendo a la investigación en IA en la década de 2000, como informó el *New York Times* en 2005: "Los informáticos e ingenieros de software evitaban el término inteligencia artificial por miedo a ser vistos como soñadores con ojos salvajes".

Predicciones (o "¿Dónde está HAL 9000?")

En 1968, Arthur C. Clarke y Stanley Kubrick imaginaron que, para el año 2001, existiría una máquina con una inteligencia que igualaría o superaría la capacidad de los seres humanos. El personaje que crearon, HAL 9000, se basaba en la creencia, compartida por muchos de los principales investigadores de IA, de que tal máquina existiría en el año 2001.

En 2001, el fundador de la IA, Marvin Minsky, preguntó: "¿Por qué no conseguimos HAL en 2001?". Minsky creía que la respuesta era que se estaban descuidando los problemas centrales, como el razonamiento de sentido común, mientras la mayoría de los investigadores perseguían cosas como las aplicaciones comerciales de las redes neuronales o los algoritmos genéticos. John McCarthy, por su parte, seguía culpando al problema de la cualificación. Para Ray Kurzweil, la cuestión es la potencia de los ordenadores y, utilizando la Ley de Moore, predijo que en 2029 aparecerán máquinas con inteligencia de nivel humano. Jeff Hawkins argumentó que la investigación en redes neuronales ignora las propiedades esenciales del córtex humano, prefiriendo modelos simples que han tenido éxito en la resolución de problemas sencillos. Había muchas otras explicaciones y para cada una de ellas había un programa de investigación correspondiente en marcha.

Aprendizaje profundo, big data e inteligencia artificial general: 2011-presente

En las primeras décadas del siglo XXI, el acceso a grandes cantidades de datos (conocidos como "big data"), ordenadores más baratos y rápidos y técnicas avanzadas de aprendizaje automático se aplicaron con éxito a muchos problemas en toda la economía. De hecho, McKinsey Global Institute estimó en su famoso documento "Big data: The next frontier for innovation, competition, and productivity" que "en 2009, casi todos los sectores de la economía estadounidense tenían al menos una media de 200 terabytes de datos almacenados".

En 2016, el mercado de productos, hardware y software relacionados con la IA alcanzó más de 8.000 millones de dólares, y el New York Times informó de que el interés por la IA había llegado a un "frenesí". Las aplicaciones de big data empezaron a llegar también a otros campos, como el entrenamiento de modelos en ecología y para diversas aplicaciones en economía. Los avances en el aprendizaje profundo (en particular las redes neuronales convolucionales profundas y las redes neuronales recurrentes) impulsaron el progreso y la investigación en el procesamiento de imágenes y vídeos, el análisis de textos e incluso el reconocimiento del habla.

Aprendizaje profundo

El aprendizaje profundo es una rama del aprendizaje automático que modela abstracciones de alto nivel en los datos utilizando un grafo profundo con muchas capas de procesamiento. Según el teorema de la aproximación universal, la profundidad no es necesaria para que una red neuronal pueda aproximar funciones continuas arbitrarias. Aun así, hay muchos problemas comunes a las redes poco profundas (como el sobreajuste) que las redes profundas ayudan a evitar. Por ello, las redes neuronales profundas son capaces de generar de forma realista modelos mucho más complejos que sus homólogas superficiales.

Sin embargo, el aprendizaje profundo tiene sus propios problemas. Un problema habitual de las redes neuronales recurrentes es el del gradiente evanescente, que consiste en que los gradientes que pasan entre las capas se reducen gradualmente y desaparecen literalmente al redondearse a cero. Se han desarrollado muchos métodos para abordar este problema, como las unidades de memoria a corto plazo de larga duración.

Las arquitecturas de redes neuronales profundas más avanzadas pueden a veces incluso rivalizar con la precisión humana en campos como la visión por ordenador, concretamente en cosas como la base de datos MNIST, y el reconocimiento de señales de tráfico.

Los motores de procesamiento del lenguaje impulsados por motores de búsqueda inteligentes pueden superar fácilmente a los humanos en la respuesta a preguntas generales de trivialidades (como IBM Watson), y los recientes desarrollos en aprendizaje profundo han producido resultados asombrosos al competir con humanos, en cosas como Go, y *Doom* (que, al ser un juego de disparos en primera persona, ha desatado cierta controversia).

Grandes datos

Big data se refiere a una colección de datos que no pueden ser capturados, gestionados y procesados por las herramientas de software convencionales en un plazo determinado. Se trata de una cantidad masiva de capacidades de toma de decisiones, conocimiento y optimización de procesos que requieren nuevos modelos de procesamiento. En la Era de los Big Data, escrita por Victor Meyer Schonberg y Kenneth Cooke, big data significa que, en lugar de un análisis aleatorio (encuesta por muestreo), se utilizan todos los datos para el análisis. Las 5V características de los big data (propuestas por IBM): *Volumen, Velocidad, Variedad, Valor, Veracidad*.El

significado estratégico de la tecnología big data no es
dominar la información de datos enormes, sino
especializarse en estos datos significativos. En otras
palabras, si comparamos los big data con una industria, la
clave para obtener rentabilidad en esta industria es
aumentar la "capacidad de proceso" de los datos y obtener
el "valor añadido" de los datos mediante el
"procesamiento".

Inteligencia general artificial

La inteligencia general es la capacidad de resolver
cualquier problema, en lugar de encontrar una solución a
un problema concreto. La inteligencia general artificial (o
"AGI", por sus siglas en inglés) es un programa que puede
aplicar la inteligencia a una gran variedad de problemas,
de forma muy parecida a como lo hacen los humanos.

Ben Goertzel y otros argumentaron a principios de la
década de 2000 que la investigación en IA había
abandonado en gran medida el objetivo original del campo
de crear inteligencia general artificial. La investigación en
AGI se fundó como un subcampo independiente y en 2010
ya había conferencias académicas, laboratorios y cursos

universitarios dedicados a la investigación en AGI, así como consorcios privados y nuevas empresas.

La inteligencia general artificial también se denomina "IA fuerte", "IA completa" o inteligencia sintética, en contraposición a la "IA débil" o "IA estrecha". (Las fuentes académicas reservan "IA fuerte" para referirse a las máquinas capaces de experimentar consciencia).

Los modelos Foundation, que son grandes modelos de inteligencia artificial entrenados en grandes cantidades de datos no etiquetados que pueden adaptarse a una amplia gama de tareas posteriores, comenzaron a desarrollarse en 2018. Modelos como GPT-3, lanzado por OpenAI en 2020, y Gato, lanzado por DeepMind en 2022, se han descrito como hitos importantes en el camino hacia la inteligencia artificial general.

Objetivos

El problema general de simular (o crear) inteligencia se ha dividido en subproblemas. Estos consisten en rasgos o capacidades particulares que los investigadores esperan que muestre un sistema inteligente. Los rasgos que se describen a continuación son los que han recibido más atención.

Razonamiento, resolución de problemas

Los primeros investigadores desarrollaron algoritmos que imitaban el razonamiento paso a paso que utilizan los humanos cuando resuelven rompecabezas o hacen deducciones lógicas. A finales de los años 80 y 90, la investigación en IA había desarrollado métodos para tratar la información incierta o incompleta, empleando conceptos de probabilidad y economía.

Muchos de estos algoritmos resultaron insuficientes para resolver grandes problemas de razonamiento porque experimentaban una "explosión combinatoria": se volvían exponencialmente más lentos a medida que los problemas crecían. Incluso los humanos rara vez utilizan la deducción paso a paso que las primeras investigaciones sobre IA podían modelar. Resuelven la mayoría de sus problemas mediante juicios rápidos e intuitivos.

Representación del conocimiento

La representación del conocimiento y la ingeniería del conocimiento permiten a los programas de IA responder a preguntas de forma inteligente y hacer deducciones sobre hechos del mundo real.

Una representación de "lo que existe" es una ontología: el conjunto de objetos, relaciones, conceptos y propiedades descritos formalmente para que los agentes de software puedan interpretarlos. Las ontologías más generales son las llamadas ontologías superiores, que intentan sentar las bases de todos los demás conocimientos y actúan como mediadoras entre las ontologías de dominio que abarcan conocimientos específicos sobre un determinado dominio del conocimiento (campo de interés o área de preocupación). Un programa verdaderamente inteligente también necesitaría acceder al conocimiento de sentido común, es decir, al conjunto de hechos que conoce una persona normal. La semántica de una ontología suele representarse en una lógica de descripción, como el Web Ontology Language.

La investigación en IA ha desarrollado herramientas para representar dominios específicos, como objetos, propiedades, categorías y relaciones entre objetos;

situaciones, acontecimientos, estados y tiempo; causas y efectos; conocimiento sobre el conocimiento (lo que sabemos sobre lo que saben otras personas); razonamiento por defecto (cosas que los humanos asumen como ciertas hasta que se les dice lo contrario y que seguirán siendo ciertas aunque cambien otros hechos); así como otros dominios. Entre los problemas más difíciles de la IA están: la amplitud del conocimiento de sentido común (el número de hechos atómicos que conoce una persona media es enorme); y la forma subsimbólica de la mayor parte del conocimiento de sentido común (gran parte de lo que sabe la gente no se representa como "hechos" o "afirmaciones" que puedan expresarse verbalmente).

Las representaciones formales del conocimiento se utilizan en la indexación y recuperación de contenidos, la interpretación de escenas, el apoyo a la toma de decisiones clínicas, el descubrimiento de conocimientos (extracción de inferencias "interesantes" y procesables de grandes bases de datos) y otros ámbitos.

Aprender

El aprendizaje automático, un concepto fundamental de la investigación en IA desde sus inicios, es el estudio de algoritmos informáticos que mejoran automáticamente a través de la experiencia.

El aprendizaje no supervisado encuentra patrones en un flujo de entrada.

El aprendizaje supervisado requiere que un humano etiquete primero los datos de entrada, y se presenta en dos variedades principales: clasificación y regresión numérica. La clasificación se utiliza para determinar a qué categoría pertenece algo: el programa ve una serie de ejemplos de cosas de varias categorías y aprenderá a clasificar las nuevas entradas. La regresión es el intento de producir una función que describa la relación entre las entradas y las salidas y prediga cómo deberían cambiar las salidas a medida que cambian las entradas. Tanto los clasificadores como los aprendices de regresión pueden verse como "aproximadores de funciones" que intentan aprender una función desconocida (posiblemente implícita). Por ejemplo, un clasificador de spam puede verse como el aprendizaje de una función que asigna el texto de un correo electrónico a una de dos categorías: "spam" o "no spam".

En el aprendizaje por refuerzo, el agente es recompensado por las buenas respuestas y castigado por las malas. El agente clasifica sus respuestas para formar una estrategia de actuación en su espacio problemático.

El aprendizaje por transferencia se produce cuando los conocimientos adquiridos en un problema se aplican a otro nuevo.

La teoría del aprendizaje computacional puede evaluar a los alumnos por su complejidad computacional, por su complejidad muestral (cuántos datos se necesitan) o por otras nociones de optimización.

Procesamiento del lenguaje natural

El procesamiento del lenguaje natural (PLN) permite a las máquinas leer y comprender el lenguaje humano. Un sistema de procesamiento del lenguaje natural suficientemente potente permitiría crear interfaces de usuario en lenguaje natural y adquirir conocimientos directamente a partir de fuentes escritas por humanos, como textos de noticias. Algunas aplicaciones sencillas del PLN son la recuperación de información, la respuesta a preguntas y la traducción automática.

La IA simbólica utilizaba la sintaxis formal para traducir a la lógica la estructura profunda de las frases. Sin embargo, esto no ha dado lugar a aplicaciones útiles, debido a la intratabilidad de la lógica y a la amplitud del conocimiento del sentido común. Las técnicas estadísticas modernas incluyen frecuencias de co-ocurrencia (frecuencia con la que una palabra aparece cerca de otra), "Keyword spotting" (búsqueda de una palabra concreta para recuperar información), aprendizaje profundo basado en transformadores (que encuentra patrones en el texto) y otras. Han logrado una precisión aceptable a nivel de página o párrafo y, en 2019, podrían generar un texto coherente.

Percepción

La percepción artificial es la capacidad de utilizar la información procedente de sensores (como cámaras, micrófonos, señales inalámbricas y sensores activos lidar, sonar, radar y táctiles) para deducir aspectos del mundo.

Entre sus aplicaciones se encuentran el reconocimiento de voz, el reconocimiento facial y el reconocimiento de objetos.

Inteligencia social

La computación afectiva es un concepto interdisciplinar que engloba los sistemas que reconocen, interpretan, procesan o simulan los sentimientos, las emociones y el estado de ánimo humanos. Por ejemplo, algunos asistentes virtuales están programados para hablar de forma conversacional o incluso para bromear con humor, lo que les hace parecer más sensibles a la dinámica emocional de la interacción humana o facilita la interacción persona-ordenador. Entre los éxitos moderados relacionados con la computación afectiva cabe citar el análisis textual de sentimientos y, más recientemente, el análisis multimodal de sentimientos), en el que la IA clasifica los afectos mostrados por un sujeto grabado en vídeo.

Inteligencia general

Una máquina con inteligencia general puede resolver una gran variedad de problemas con una amplitud y versatilidad similares a las de la inteligencia humana. Hay varias ideas contrapuestas sobre cómo desarrollar la inteligencia general artificial. Hans Moravec y Marvin Minsky sostienen que el trabajo en distintos ámbitos individuales puede incorporarse a un sistema multiagente avanzado o a una arquitectura cognitiva con inteligencia general.Pedro Domingos espera que exista un "algoritmo maestro" conceptualmente sencillo, pero matemáticamente difícil, que pueda conducir a la AGI.Otros creen que características antropomórficas como un cerebro artificialo el desarrollo simulado de un niñoalcanzarán algún día un punto crítico en el que surja la inteligencia general.

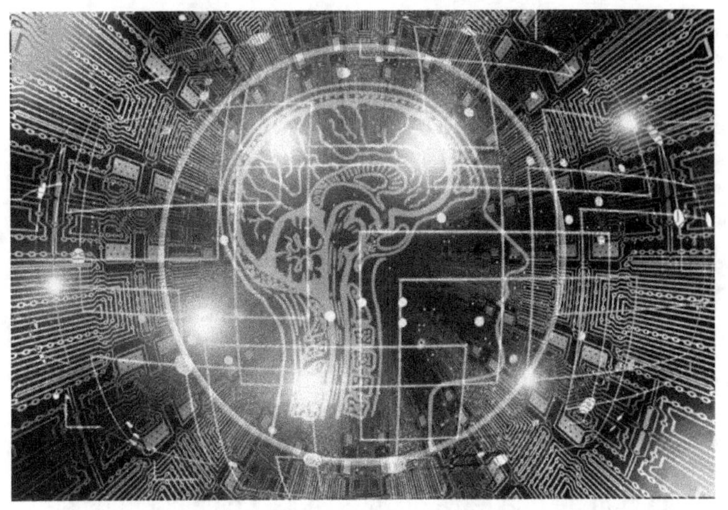

Búsqueda y optimización

La IA puede resolver muchos problemas buscando de forma inteligente entre muchas soluciones posibles. El razonamiento puede reducirse a la realización de una búsqueda. Por ejemplo, la demostración lógica puede verse como la búsqueda de un camino que lleva de las premisas a las conclusiones, donde cada paso es la aplicación de una regla de inferencia. Los algoritmos de planificación buscan a través de árboles de objetivos y subobjetivos, tratando de encontrar un camino hacia un objetivo, un proceso llamado análisis de medios y fines. Los algoritmos robóticos para mover extremidades y agarrar objetos utilizan búsquedas locales en el espacio de configuración.

Las búsquedas exhaustivas simples rara vez son suficientes para la mayoría de los problemas del mundo real: el espacio de búsqueda (el número de lugares en los que buscar) crece rápidamente hasta alcanzar cifras astronómicas. El resultado es una búsqueda demasiado lenta o que nunca se completa. La solución, para muchos problemas, es utilizar "heurísticas" o "reglas empíricas" que priorizan las opciones a favor de las que tienen más probabilidades de alcanzar un objetivo y de hacerlo en un menor número de pasos. En algunas metodologías de búsqueda, la heurística también puede servir para eliminar algunas opciones que probablemente no conduzcan al objetivo (lo que se denomina "podar el árbol de búsqueda"). La heurística proporciona al programa una "mejor estimación" del camino en el que se encuentra la solución y limita la búsqueda de soluciones a una muestra más pequeña.

En la década de los noventa surgió un tipo de búsqueda muy diferente, basado en la teoría matemática de la optimización. Para muchos problemas, es posible comenzar la búsqueda con algún tipo de conjetura y luego refinar la conjetura de forma incremental hasta que no se puedan hacer más refinamientos. Estos algoritmos pueden visualizarse como una escalada ciega: comenzamos la búsqueda en un punto aleatorio del paisaje y luego, mediante saltos o pasos, vamos subiendo nuestra conjetura hasta llegar a la cima. Otros algoritmos de optimización relacionados son la optimización aleatoria, la búsqueda por haces y metaheurísticas como el recocido simulado. La computación evolutiva utiliza una forma de búsqueda de optimización. Por ejemplo, pueden empezar con una población de organismos (las conjeturas) y luego dejar que muten y se recombinen, seleccionando sólo a los más aptos para sobrevivir en cada generación (refinando las conjeturas). Los algoritmos evolutivos clásicos incluyen los algoritmos genéticos, la programación de la expresión génica y la programación genética. Alternativamente, los procesos de búsqueda distribuida pueden coordinarse mediante algoritmos de inteligencia de enjambre. Dos algoritmos de enjambre populares utilizados en la búsqueda son la optimización por enjambre de partículas (inspirada en la bandada de pájaros) y la optimización por colonia de hormigas (inspirada en los caminos de hormigas).

Lógica

La lógica se utiliza para la representación del conocimiento y la resolución de problemas, pero también puede aplicarse a otros problemas. Por ejemplo, el algoritmo satplan utiliza la lógica para planificar y la programación lógica inductiva es un método de aprendizaje.

85

En la investigación sobre IA se utilizan varias formas de lógica. La lógica proposicional incluye funciones de verdad como "o" y "no". La lógica de primer orden añade cuantificadores y predicados y puede expresar hechos sobre objetos, sus propiedades y sus relaciones mutuas. La lógica difusa asigna un "grado de verdad" (entre 0 y 1) a afirmaciones vagas como "Alicia es vieja" (o rica, o alta, o hambrienta), que son demasiado imprecisas desde el punto de vista lingüístico para ser completamente verdaderas o falsas.Las lógicas por defecto, las lógicas no monotónicas y la circunscripción son formas de lógica diseñadas para ayudar con el razonamiento por defecto y el problema de la cualificación.Se han diseñado varias extensiones de la lógica para tratar ámbitos específicos del conocimiento, como la lógica de la descripción, el cálculo de situaciones, el cálculo de sucesos y el cálculo fluido (para representar sucesos y tiempo), el cálculo causal, el cálculo de creencias (revisión de creencias) y la lógica modal.

Métodos probabilísticos para el razonamiento incierto

Muchos problemas de inteligencia artificial (como el razonamiento, la planificación, el aprendizaje, la percepción o la robótica) exigen que el agente actúe con información incompleta o incierta. Las redes bayesianas son una herramienta muy general que puede utilizarse para diversos problemas, como el razonamiento (mediante el algoritmo de inferencia bayesiana), el aprendizaje (mediante el algoritmo de maximización de expectativas), la planificación (mediante redes de decisión) y la percepción (mediante redes bayesianas dinámicas). Los algoritmos probabilísticos también pueden utilizarse para filtrar, predecir, suavizar y encontrar explicaciones para flujos de datos, ayudando a los sistemas de percepción a analizar procesos que ocurren a lo largo del tiempo (por ejemplo, los modelos de Markov ocultos o los filtros de Kalman), modelos ocultos de Markov o filtros de Kalman).

Un concepto clave de la ciencia económica es la "utilidad", una medida del valor que tiene algo para un agente inteligente. Se han desarrollado herramientas matemáticas precisas que analizan cómo un agente puede elegir y planificar, utilizando la teoría de la decisión, el análisis de decisiones y la teoría del valor de la información. Estas herramientas incluyen modelos como los procesos de decisión de Markov, las redes dinámicas de decisión, la teoría de juegos y el diseño de mecanismos.

Clasificadores y métodos de aprendizaje estadístico

Las aplicaciones de IA más sencillas pueden dividirse en dos tipos: clasificadores ("si brillante, entonces diamante") y controladores ("si diamante, entonces recoger"). Sin embargo, los controladores también clasifican las condiciones antes de deducir las acciones, por lo que la clasificación constituye una parte central de muchos sistemas de IA. Los clasificadores son funciones que utilizan la concordancia de patrones para determinar la coincidencia más próxima. Pueden ajustarse en función de ejemplos, lo que los hace muy atractivos para su uso en IA. Estos ejemplos se conocen como observaciones o patrones. En el aprendizaje supervisado, cada patrón pertenece a una determinada clase predefinida. Una clase es una decisión que hay que tomar. Todas las observaciones combinadas con sus etiquetas de clase se conocen como conjunto de datos. Cuando se recibe una nueva observación, ésta se clasifica en función de la experiencia previa.

Un clasificador puede entrenarse de varias formas; existen muchos enfoques estadísticos y de aprendizaje automático.El árbol de decisión es el algoritmo de aprendizaje automático simbólico más sencillo y utilizado.El algoritmo k-nearest neighbor fue la IA analógica más utilizada hasta mediados de los 90.Los métodos de kernel, como la máquina de vectores de soporte (SVM), desplazaron a k-nearest neighbor en los 90.El clasificador naive Bayes es, según se dice, el "aprendiz más utilizado" en Google, debido en parte a su escalabilidad.Las redes neuronales también se utilizan para la clasificación.

El rendimiento de los clasificadores depende en gran medida de las características de los datos que deben clasificarse, como el tamaño del conjunto de datos, la distribución de las muestras entre las clases, la dimensionalidad y el nivel de ruido. Los clasificadores basados en modelos funcionan bien si el modelo supuesto se ajusta muy bien a los datos reales. De lo contrario, si no se dispone de un modelo que se ajuste, y si la única preocupación es la precisión (en lugar de la velocidad o la escalabilidad), la sabiduría convencional es que los clasificadores discriminativos (especialmente SVM) tienden a ser más precisos que los clasificadores basados en modelos como "Bayes ingenuo" en la mayoría de los conjuntos de datos prácticos.

Redes neuronales artificiales

Las redes neuronales se inspiran en la arquitectura de las neuronas del cerebro humano. Una simple "neurona" N recibe información de otras neuronas, cada una de las cuales, cuando se activa (o "dispara"), emite un "voto" ponderado a favor o en contra de que la neurona N se active. El aprendizaje requiere un algoritmo para ajustar estos pesos en función de los datos de entrenamiento; un algoritmo sencillo (denominado "disparar juntos, cablear juntos") consiste en aumentar el peso entre dos neuronas conectadas cuando la activación de una desencadena la activación satisfactoria de otra. Las neuronas tienen un espectro continuo de activación; además, pueden procesar las entradas de forma no lineal en lugar de sopesar votos directos.

Las redes neuronales modernas modelan relaciones complejas entre entradas y salidas y encuentran patrones en los datos. Pueden aprender funciones continuas e incluso operaciones lógicas digitales. Las redes neuronales pueden considerarse un tipo de optimización matemática: realizan el descenso gradiente en una topología multidimensional creada mediante el entrenamiento de la red. La técnica de entrenamiento más común es el algoritmo de retropropagación. Otras técnicas de aprendizaje para redes neuronales son el aprendizaje Hebbiano ("fire together, wire together"), el GMDH o el aprendizaje competitivo.

Las principales categorías de redes son las redes neuronales acíclicas o feedforward (en las que la señal pasa en una sola dirección) y las redes neuronales recurrentes (que permiten la retroalimentación y los recuerdos a corto plazo de eventos de entrada anteriores). Entre las más populares están los perceptrones, los perceptrones multicapa y las redes de base radial.

Aprendizaje profundo

El aprendizaje profundo utiliza varias capas de neuronas entre las entradas y salidas de la red. Las múltiples capas pueden extraer progresivamente características de nivel superior a partir de la entrada bruta. Por ejemplo, en el procesamiento de imágenes, las capas inferiores pueden identificar bordes, mientras que las capas superiores pueden identificar los conceptos relevantes para un ser humano, como dígitos, letras o caras. El aprendizaje profundo ha mejorado drásticamente el rendimiento de los programas en muchos subcampos importantes de la inteligencia artificial, como la visión por ordenador, el reconocimiento del habla y la clasificación de imágenes, entre otros.

El aprendizaje profundo suele utilizar redes neuronales convolucionales para muchas o todas sus capas. En una capa convolucional, cada neurona recibe información sólo de un área restringida de la capa anterior denominada campo receptivo de la neurona. Esto puede reducir sustancialmente el número de conexiones ponderadas entre neuronas y crea una jerarquía similar a la organización de la corteza visual animal.

En una red neuronal recurrente (RNN), la señal se propaga a través de una capa más de una vez, por lo que una RNN es un ejemplo de aprendizaje profundo. Las RNN pueden entrenarse mediante descenso de gradiente, pero los gradientes a largo plazo que se propagan hacia atrás pueden "desvanecerse" (es decir, pueden tender a cero) o "explotar" (es decir, pueden tender a infinito), lo que se conoce como el problema del gradiente evanescente. La técnica de la memoria a largo plazo (LSTM) puede evitarlo en la mayoría de los casos.

Lenguajes y hardware especializados

93

Se han desarrollado lenguajes especializados para la inteligencia artificial, como Lisp, Prolog, TensorFlow y muchos otros. El hardware desarrollado para la IA incluye aceleradores de IA y computación neuromórfica.

Aplicaciones

Las técnicas modernas de inteligencia artificial están muy extendidas y son demasiado numerosas para enumerarlas aquí. Con frecuencia, cuando una técnica se generaliza, deja de considerarse inteligencia artificial; este fenómeno se describe como efecto IA.

En la década de 2010, las aplicaciones de Inteligencia Artificial fueron el núcleo de las áreas informáticas de mayor éxito comercial y se han convertido en un elemento omnipresente de la vida cotidiana. La IA se utiliza en motores de búsqueda (como Google Search),segmentación de anuncios en línea, sistemas de recomendación (ofrecidos por Netflix, YouTube o Amazon),conducción del tráfico de Internet, publicidad dirigida (AdSense, Facebook),asistentes virtuales (como Siri o Alexa), vehículos autónomos (incluidos drones, ADAS y coches autoconducidos),traducción automática de idiomas (Microsoft Translator, Google Translate),reconocimiento facial (Face ID de Apple o DeepFace de Microsoft),etiquetado de imágenes (utilizado por Facebook, iPhoto de Apple y TikTok), filtrado de spam y chatbots (como Chat GPT).

También hay miles de aplicaciones de IA de éxito que se utilizan para resolver problemas de industrias o instituciones específicas. Algunos ejemplos son el almacenamiento de energía, los deepfakes, el diagnóstico médico, la logística militar o la gestión de la cadena de suministro.

El juego ha sido una prueba de la fuerza de la IA desde la década de 1950. El 11 de mayo de 1997, Deep Blue se convirtió en el primer sistema informático de ajedrez en derrotar al actual campeón del mundo, Garry Kasparov. En 2011, en un partido de exhibición del concurso *Jeopardy!*, el sistema de respuesta a preguntas de IBM, Watson, derrotó a los dos mayores campeones de *Jeopardy!*, Brad Rutter y Ken Jennings, por un margen significativo.En marzo de 2016, AlphaGo ganó 4 de 5 partidas de Go en un partido con el campeón de Go Lee Sedol, convirtiéndose en el primer sistema informático de juego de Go en derrotar a un jugador profesional de Go sin desventajas. Otros programas manejan juegos de información imperfecta; como para el póquer a un nivel sobrehumano, Pluribus y Cepheus. DeepMind desarrolló en la década de 2010 una "inteligencia artificial generalizada" que podía aprender por sí sola muchos juegos diversos de Atari.

En 2020, sistemas de Procesamiento del Lenguaje Natural como la enorme GPT-3 (entonces, con diferencia, la mayor red neuronal artificial) igualaban el rendimiento humano en puntos de referencia preexistentes, aunque sin que el sistema alcanzara una comprensión sensata de los contenidos de los puntos de referencia.AlphaFold 2 (2020) de DeepMind demostró la capacidad de aproximarse, en horas en lugar de meses, a la estructura 3D de una proteína.Otras aplicaciones predicen el resultado de decisiones judiciales, crean arte (como poesía o pintura) y demuestran teoremas matemáticos.

Las herramientas de detección de contenidos de IA son aplicaciones de software que utilizan algoritmos de inteligencia artificial (IA) para analizar y detectar tipos específicos de contenidos en medios digitales, como texto, imágenes y vídeos. Estas herramientas se utilizan habitualmente para identificar contenidos inapropiados, como errores de expresión, imágenes violentas o sexuales y spam, entre otros.

Algunas de las ventajas de utilizar herramientas de detección de contenidos mediante IA son la mejora de la eficacia y la precisión en la detección de contenidos inapropiados, el aumento de la seguridad para los usuarios y la reducción de los riesgos legales y de reputación para los sitios web y las plataformas.

Semáforos inteligentes

Los semáforos inteligentes se desarrollan en Carnegie Mellon desde 2009. El profesor Stephen Smith ha creado desde entonces la empresa Surtrac, que ha instalado sistemas inteligentes de control del tráfico en 22 ciudades. Su instalación cuesta unos 20.000 dólares por intersección. El tiempo de conducción se ha reducido en un 25% y el tiempo de espera en atascos en un 40% en las intersecciones en las que se ha instalado.

Propiedad intelectual

97

En 2019, la OMPI informó de que la IA era la tecnología emergente más prolífica en términos de número de solicitudes de patentes y patentes concedidas, se estimaba que la Internet de las cosas era la mayor en términos de tamaño de mercado. Le seguían, de nuevo en tamaño de mercado, las tecnologías de big data, la robótica, la IA, la impresión 3D y la quinta generación de servicios móviles (5G). Desde que surgió la IA en la década de 1950, los innovadores han presentado 340.000 solicitudes de patentes relacionadas con la IA y los investigadores han publicado 1,6 millones de artículos científicos; la mayoría de todas las solicitudes de patentes relacionadas con la IA se publicaron a partir de 2013. Las empresas representan 26 de los 30 principales solicitantes de patentes de IA, mientras que las universidades u organizaciones públicas de investigación representan los cuatro restantes. La proporción entre artículos científicos e invenciones ha disminuido significativamente de 8:1 en 2010 a 3:1 en 2016, lo que se atribuye como indicativo de un cambio de la investigación teórica al uso de tecnologías de IA en productos y servicios comerciales. El aprendizaje automático es la técnica de IA dominante divulgada en las patentes y se incluye en más de un tercio de todas las invenciones identificadas (134.777 patentes de

98

aprendizaje automático presentadas para un total de 167.038 patentes de IA presentadas en 2016), siendo la visión por ordenador la aplicación funcional más popular. Las patentes relacionadas con la IA no solo revelan técnicas y aplicaciones de IA, sino que a menudo también hacen referencia a un campo de aplicación o industria. En 2016 se identificaron veinte campos de aplicación e incluyeron, por orden de magnitud: telecomunicaciones (15%), transporte (15%), ciencias médicas y de la vida (12%) y dispositivos personales, informática e interacción persona-ordenador (11%). Otros sectores fueron la banca, el entretenimiento, la seguridad, la industria y la fabricación, la agricultura y las redes (incluidas las redes sociales, las ciudades inteligentes y el Internet de las cosas). IBM tiene la mayor cartera de patentes de IA, con 8.290 solicitudes de patentes, seguida de Microsoft, con 5.930 solicitudes de patentes.

Definición de inteligencia artificial

Alan Turing escribió en 1950: "Propongo considerar la pregunta "¿pueden pensar las máquinas? "Aconsejó cambiar la pregunta de si una máquina "piensa" a "si es posible o no que la maquinaria muestre un comportamiento inteligente". Ideó la prueba de Turing, que mide la capacidad de una máquina para simular una conversación humana. Como sólo podemos observar el comportamiento de la máquina, no importa si "realmente" piensa o tiene literalmente una "mente". Turing señala que no podemos determinar estas cosas sobre otras personas pero "es habitual tener la cortés convención de que todo el mundo piensa"

Russell y Norvig coinciden con Turing en que la IA debe definirse en términos de "actuar" y no de "pensar". Sin embargo, critican que la prueba compare las máquinas con las *personas*. "Los textos de ingeniería aeronáutica", escribieron, "no definen el objetivo de su campo como hacer 'máquinas que vuelen tan exactamente como las palomas que puedan engañar a otras palomas'". El fundador de AI, John McCarthy, se mostró de acuerdo: "La inteligencia artificial no es, por definición, una simulación de la inteligencia humana".

McCarthy define la inteligencia como "la parte computacional de la capacidad de alcanzar objetivos en el mundo". Otro fundador de la IA, Marvin Minsky, la define de forma similar como "la capacidad de resolver problemas difíciles". Estas definiciones ven la inteligencia en términos de problemas bien definidos con soluciones bien definidas, donde tanto la dificultad del problema como el rendimiento del programa son medidas directas de la "inteligencia" de la máquina, y no se requiere ninguna otra discusión filosófica, o puede que ni siquiera sea posible.

Esta definición estipula que la capacidad de los sistemas para sintetizar información es la manifestación de la inteligencia, de forma similar a como se define en la inteligencia biológica.

Evaluación de los enfoques de la IA

Ninguna teoría o paradigma unificador establecido ha guiado la investigación en IA durante la mayor parte de su historia. El éxito sin precedentes del aprendizaje automático estadístico en la década de 2010 eclipsó todos
101

los demás enfoques (hasta el punto de que algunas fuentes, especialmente en el mundo empresarial, utilizan el término "inteligencia artificial" para referirse al "aprendizaje automático con redes neuronales"). Este enfoque es sobre todo subsimbólico, pulcro, blando y estrecho (véase más adelante). Los críticos sostienen que es posible que las futuras generaciones de investigadores de la IA tengan que volver a plantearse estas cuestiones.

La IA simbólica y sus límites

La IA simbólica (o "GOFAI") simulaba el razonamiento consciente de alto nivel que utilizan las personas cuando resuelven rompecabezas, expresan razonamientos jurídicos y hacen cálculos matemáticos. Tuvieron mucho éxito en tareas "inteligentes" como el álgebra o los tests de inteligencia. En los años 60, Newell y Simon propusieron la hipótesis de los sistemas de símbolos físicos: "Un sistema de símbolos físicos tiene los medios necesarios y suficientes para una acción inteligente general".

Sin embargo, el enfoque simbólico fracasó en muchas tareas que los humanos resuelven con facilidad, como el aprendizaje, el reconocimiento de un objeto o el razonamiento de sentido común. La paradoja de Moravec es el descubrimiento de que las tareas "inteligentes" de alto nivel eran fáciles para la IA, pero las tareas "instintivas" de bajo nivel eran extremadamente difíciles. El filósofo Hubert Dreyfus llevaba argumentando desde los años 60 que la pericia humana depende del instinto inconsciente más que de la manipulación consciente de símbolos, y de tener una "sensación" de la situación, más que del conocimiento simbólico explícito. Aunque sus argumentos fueron ridiculizados e ignorados cuando se presentaron por primera vez, con el tiempo, la investigación en IA llegó a estar de acuerdo.

La cuestión no está resuelta: el razonamiento subsimbólico puede cometer muchos de los mismos errores inescrutables que la intuición humana, como el sesgo algorítmico. Críticos como Noam Chomsky sostienen que seguirá siendo necesaria la investigación en IA simbólica para alcanzar la inteligencia general, en parte porque la IA subsimbólica se aleja de la IA explicable: puede ser difícil o imposible entender por qué un programa moderno de IA estadística tomó una decisión concreta. El campo emergente de la inteligencia artificial neurosimbólica intenta tender un puente entre ambos enfoques.

Pulcro frente a desaliñado

Los "Neats" esperan que el comportamiento inteligente se describa utilizando principios sencillos y elegantes (como la lógica, la optimización o las redes neuronales). Los "desaliñados" esperan que necesariamente requiera resolver un gran número de problemas no relacionados (especialmente en áreas como el razonamiento de sentido común). Esta cuestión se debatió activamente en los años 70 y 80, pero en los 90 los métodos matemáticos y los estándares científicos sólidos se convirtieron en la norma, una transición que Russell y Norvig denominaron "la victoria de los neats".

Soft computing frente a hard computing

Encontrar una solución óptima o correcta demostrable es intratable para muchos problemas importantes. La informática blanda es un conjunto de técnicas, como los algoritmos genéticos, la lógica difusa y las redes neuronales, que toleran la imprecisión, la incertidumbre, la verdad parcial y la aproximación. La informática blanda se introdujo a finales de los 80 y la mayoría de los programas de IA que han tenido éxito en el siglo XXI son ejemplos de informática blanda con redes neuronales.

IA estrecha frente a IA general

Los investigadores de la IA están divididos entre perseguir directamente los objetivos de la inteligencia general artificial y la superinteligencia (IA general) o resolver tantos problemas específicos como sea posible (IA restringida) con la esperanza de que estas soluciones conduzcan indirectamente a los objetivos a largo plazo del campo.La inteligencia general es difícil de definir y de medir, y la IA moderna ha tenido más éxitos verificables al centrarse en problemas específicos con soluciones específicas. El subcampo experimental de la inteligencia general artificial estudia exclusivamente este ámbito.

Conciencia, sensibilidad y mente de las máquinas

La filosofía de la mente no sabe si una máquina puede tener mente, conciencia y estados mentales, en el mismo sentido que los seres humanos. Esta cuestión se refiere a las experiencias internas de la máquina, más que a su comportamiento externo. La corriente principal de la investigación en IA considera que esta cuestión es irrelevante porque no afecta a los objetivos del campo. Stuart Russell y Peter Norvig observan que a la mayoría de los investigadores de IA "no les importa la [filosofía de la IA]: mientras el programa funcione, les da igual que se llame simulación de inteligencia o inteligencia real". Sin embargo, la cuestión se ha convertido en un tema central de la filosofía de la mente. También suele ser la cuestión central de la inteligencia artificial en la ficción.

Conciencia

David Chalmers identificó dos problemas en la comprensión de la mente, que denominó problemas "difíciles" y "fáciles" de la conciencia. El problema fácil es entender cómo el cerebro procesa señales, hace planes y controla el comportamiento. El problema difícil es explicar cómo *se siente* o por qué debería sentirse. El procesamiento humano de la información es fácil de explicar, pero la experiencia subjetiva humana es difícil de explicar. Por ejemplo, es fácil imaginar a un daltónico que

106

ha aprendido a identificar qué objetos de su campo visual son rojos, pero no está claro qué hace falta para que esa persona *sepa qué aspecto tiene el rojo.*

Computacionalismo y funcionalismo

El computacionalismo es la postura de la filosofía de la mente según la cual la mente humana es un sistema de procesamiento de información y el pensamiento es una forma de computación. El computacionalismo sostiene que la relación entre mente y cuerpo es similar o idéntica a la relación entre software y hardware y, por tanto, puede ser una solución al problema mente-cuerpo. Esta postura filosófica se inspiró en los trabajos de investigadores de IA y científicos cognitivos en la década de 1960 y fue propuesta originalmente por los filósofos Jerry Fodor y Hilary Putnam.

El filósofo John Searle caracterizó esta postura como "IA fuerte": "Searle rebate esta afirmación con su argumento de la habitación china, que intenta demostrar que, aunque una máquina simule a la perfección el comportamiento humano, no hay razón para suponer que también tenga mente.

Derechos de los robots

Si una máquina tiene mente y experiencia subjetiva, también puede tener sensibilidad (capacidad de sentir) y, si es así, también podría *sufrir,* por lo que tendría ciertos derechos. Los derechos de un robot hipotético se situarían en un espectro con los derechos de los animales y los derechos humanos. Esta cuestión se ha considerado en la ficción durante siglos, y ahora la estudia, por ejemplo, el Instituto para el Futuro de California; sin embargo, los críticos sostienen que el debate es prematuro.

Futuro

Una superinteligencia, hiperinteligencia o inteligencia sobrehumana es un agente hipotético que poseería una inteligencia muy superior a la de la mente humana más brillante y dotada. La *superinteligencia* también puede referirse a la forma o el grado de inteligencia que posee dicho agente.

Si la investigación en inteligencia artificial general produjera un software suficientemente inteligente, podría ser capaz de reprogramarse y mejorarse a sí mismo. La inteligencia aumentaría exponencialmente en una explosión de inteligencia y podría superar con creces a la de los humanos. El escritor de ciencia ficción Vernor Vinge bautizó este escenario con el nombre de "singularidad". Dado que es difícil o imposible conocer los límites de la inteligencia o las capacidades de las máquinas superinteligentes, la singularidad tecnológica es un acontecimiento más allá del cual los acontecimientos son impredecibles o incluso insondables.

El diseñador de robots Hans Moravec, el cibernético Kevin Warwick y el inventor Ray Kurzweil han predicho que los humanos y las máquinas se fusionarán en el futuro en ciborgs más capaces y poderosos que cualquiera de los dos. Esta idea, denominada transhumanismo, tiene sus raíces en Aldous Huxley y Robert Ettinger.

Edward Fredkin sostiene que "la inteligencia artificial es la siguiente etapa de la evolución", una idea propuesta por primera vez en "Darwin entre las máquinas", de Samuel Butler, ya en 1863, y ampliada por George Dyson en su libro homónimo de 1998.

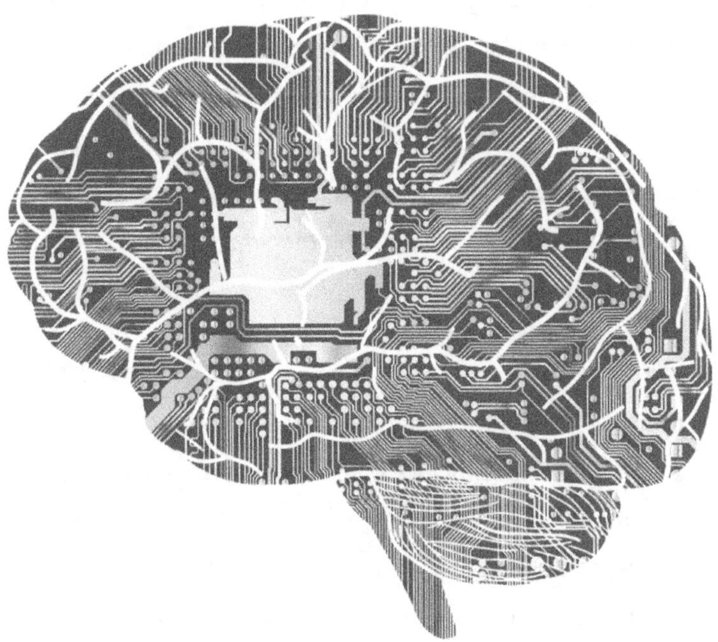

Los riesgos de la IA

Desempleo tecnológico

En el pasado, la tecnología ha tendido a aumentar más que a reducir el empleo total, pero los economistas reconocen que "estamos en territorio desconocido" con la IA.Una encuesta entre economistas mostró desacuerdos sobre si el creciente uso de robots e IA causará un aumento sustancial del desempleo a largo plazo, pero en general coinciden en que podría ser un beneficio neto si se redistribuyen las ganancias de productividad.Las estimaciones subjetivas del riesgo varían mucho; por ejemplo, Michael Osborne y Carl Benedikt Frey calculan que el 47% de los empleos estadounidenses corren un "alto riesgo" de automatización potencial, mientras que un informe de la OCDE clasifica sólo el 9% de los empleos estadounidenses como de "alto riesgo".

A diferencia de anteriores oleadas de automatización, la inteligencia artificial puede eliminar muchos empleos de clase media; *The Economist* afirma que "merece la pena tomarse en serio la preocupación de que la IA pueda hacer a los empleos de cuello blanco lo que la energía de vapor hizo a los de cuello azul durante la Revolución Industrial". Los empleos en riesgo extremo van desde asistentes jurídicos a cocineros de comida rápida, mientras que es probable que aumente la demanda de empleo para profesiones relacionadas con la asistencia, desde la atención sanitaria personal al clero.

Malos actores e IA armada

La IA proporciona una serie de herramientas especialmente útiles para los gobiernos autoritarios: el software espía inteligente, el reconocimiento facial y el reconocimiento de voz permiten una vigilancia generalizada; dicha vigilancia permite que el aprendizaje automático clasifique a los enemigos potenciales del Estado y puede evitar que se escondan; los sistemas de recomendación pueden orientar con precisión la propaganda y la desinformación para conseguir el máximo efecto; los deepfakes ayudan a producir desinformación; la IA avanzada puede hacer que la toma de decisiones centralizada sea más competitiva con sistemas liberales y descentralizados como los mercados.

Los terroristas, los delincuentes y los Estados delincuentes pueden utilizar otras formas de IA armamentística, como la guerra digital avanzada y las armas autónomas letales. En 2015, se informó de que más de cincuenta países estaban investigando robots para el campo de batalla.

La IA con aprendizaje automático también es capaz de diseñar decenas de miles de moléculas tóxicas en cuestión de horas.

Sesgo algorítmico

Los programas de inteligencia artificial pueden sufrir sesgos tras aprender de los datos del mundo real. El sesgo no lo suelen introducir los diseñadores del sistema, sino que lo aprende el programa, por lo que a menudo los programadores no son conscientes de que existe.El sesgo puede introducirse inadvertidamente por la forma en que se seleccionan los datos de entrenamiento.También puede surgir de correlaciones: La IA se utiliza para clasificar a los individuos en grupos y, a continuación, hacer predicciones asumiendo que el individuo se parecerá a otros miembros del grupo. En algunos casos, esta suposición puede ser injusta. Un ejemplo de ello es

COMPAS, un programa comercial ampliamente utilizado por los tribunales estadounidenses para evaluar la probabilidad de que un acusado se convierta en reincidente. ProPublica afirma que el nivel de riesgo de reincidencia asignado por COMPAS a los acusados negros tiene muchas más probabilidades de estar sobrestimado que el de los acusados blancos, a pesar de que no se comunicó al programa la raza de los acusados.

Los problemas de equidad sanitaria también pueden agravarse cuando se realizan mapeos de muchos a muchos sin tomar medidas para garantizar la equidad para las poblaciones en riesgo de sesgo. En este momento no existen herramientas ni normativas centradas en la equidad que garanticen la representación y el uso equitativos de las aplicaciones. Otros ejemplos en los que el sesgo algorítmico puede conducir a resultados injustos son cuando la IA se utiliza para la calificación crediticia o la contratación.

En su 2022 Conference on Fairness, Accountability, and Transparency (ACM FAccT 2022), la Association for Computing Machinery, en Seúl (Corea del Sur), presentó y publicó unas conclusiones en las que recomendaba que, hasta que no se demuestre que los sistemas de IA y robótica están libres de errores de parcialidad, no son seguros y debe restringirse el uso de redes neuronales de autoaprendizaje entrenadas en vastas fuentes no reguladas de datos viciados de Internet.

Riesgo existencial

La IA superinteligente podría ser capaz de mejorarse a sí misma hasta el punto de que los humanos no pudieran controlarla. En palabras del físico Stephen Hawking, esto podría "significar el fin de la raza humana". El filósofo Nick Bostrom sostiene que una IA suficientemente inteligente, si elige acciones basadas en la consecución de algún objetivo, mostrará un comportamiento convergente, como adquirir recursos o protegerse de ser desconectada. Si los objetivos de esta IA no reflejan plenamente los de la humanidad, puede que necesite dañar a la humanidad para adquirir más recursos o evitar que la cierren, en última instancia para alcanzar mejor su objetivo. Concluye que la IA supone un riesgo para la humanidad, por muy humildes o "amistosos" que sean sus objetivos declarados.El politólogo Charles T. Rubin sostiene que "cualquier benevolencia suficientemente avanzada puede ser indistinguible de la malevolencia". Los humanos no debemos suponer que las máquinas o los robots nos tratarán favorablemente porque no hay ninguna razón *a priori* para creer que compartirán nuestro sistema de moralidad.

Stephen Hawking, Bill Gates, fundador de Microsoft, Yuval Noah Harari, catedrático de Historia, y Elon Musk, fundador de SpaceX, han expresado serias dudas sobre el futuro de la inteligencia artificial. Algunos titanes de la tecnología, como Peter Thiel (Amazon Web Services) y Musk, han invertido más de mil millones de dólares en empresas sin ánimo de lucro que defienden el desarrollo responsable de la inteligencia artificial, como OpenAI y el Future of Life Institute.Mark Zuckerberg (CEO de Facebook) ha afirmado que la inteligencia artificial es útil en su forma actual y seguirá ayudando a los humanos. Otros expertos sostienen que los riesgos están lo suficientemente lejos en el futuro como para que no merezca la pena investigarlos, o que los humanos serán valiosos desde la perspectiva de una máquina superinteligente. Rodney Brooks, en particular, ha afirmado que la IA "malévola" aún está a siglos de distancia.

Copyright

La capacidad de decisión de la IA plantea cuestiones de responsabilidad jurídica y derechos de autor de las obras creadas. Estas cuestiones se están afinando en diversas jurisdicciones.

Máquinas éticas

Las IA amistosas son máquinas diseñadas desde el principio para minimizar los riesgos y tomar decisiones que beneficien a los humanos. Eliezer Yudkowsky, que acuñó el término, sostiene que desarrollar una IA amigable debería ser una prioridad de investigación más alta: puede requerir una gran inversión y debe completarse antes de que la IA se convierta en un riesgo existencial.

Las máquinas inteligentes pueden utilizar su inteligencia para tomar decisiones éticas. El campo de la ética de las máquinas proporciona a las máquinas principios éticos y procedimientos para resolver dilemas éticos. La ética de las máquinas también se denomina moral de las máquinas, ética computacional o moral computacional, y se fundó en un simposio de la AAAI en 2005.

117

Otros enfoques son los "agentes morales artificiales" de Wendell Wallach y los tres principios de Stuart J. Russell para desarrollar máquinas provablemente beneficiosas.

Reglamento

La regulación de la inteligencia artificial es el desarrollo de políticas y leyes del sector público para promover y regular la inteligencia artificial (IA); por lo tanto, está relacionada con la regulación más amplia de los algoritmos.El panorama normativo y político de la IA es una cuestión emergente en las jurisdicciones de todo el mundo.Entre 2016 y 2020, más de 30 países adoptaron estrategias dedicadas a la IA.La mayoría de los Estados miembros de la UE habían publicado estrategias nacionales de IA, al igual que Canadá, China, India, Japón, Mauricio, la Federación de Rusia, Arabia Saudí, Emiratos Árabes Unidos, Estados Unidos y Vietnam. En junio de 2020 se puso en marcha la Asociación Mundial sobre Inteligencia Artificial, que afirma la necesidad de que la IA se desarrolle de acuerdo con los derechos humanos y los valores democráticos, para garantizar la confianza pública en la tecnología. Henry Kissinger, Eric Schmidt y Daniel Huttenlocher publicaron una declaración conjunta en

noviembre de 2021 en la que pedían una comisión
gubernamental para regular la IA.

En la ficción

Los seres artificiales capaces de pensar han aparecido
como dispositivos narrativos desde la antigüedad, y han
sido un tema persistente en la ciencia ficción.

Un tropo común en estas obras comenzó con
Frankenstein, de Mary Shelley, donde una creación
humana se convierte en una amenaza para sus amos.
Esto incluye obras como *2001: Una odisea del espacio*
(ambas de 1968), de Arthur C. Clarke y Stanley Kubrick,
con HAL 9000, el ordenador asesino a cargo de la nave
espacial *Discovery One*, así como *Terminator* (1984) y
Matrix (1999). En cambio, los escasos robots leales, como
Gort de El *día que la Tierra se detuvo* (1951) y Bishop de
Aliens (1986), ocupan un lugar menos destacado en la
cultura popular.

Isaac Asimov introdujo las Tres Leyes de la Robótica en
muchos libros e historias, sobre todo en la serie "Multivac"
sobre un ordenador superinteligente del mismo nombre.
Aunque casi todos los investigadores en inteligencia
119

artificial conocen las leyes de Asimov a través de la cultura popular, suelen considerarlas inútiles por muchas razones, una de las cuales es su ambigüedad.

El transhumanismo (la fusión de humanos y máquinas) se explora en el manga *Ghost in the Shell* y en la serie de ciencia ficción *Dune*.

Varias obras utilizan la IA para obligarnos a enfrentarnos a la cuestión fundamental de qué nos hace humanos, mostrándonos seres artificiales que tienen la capacidad de sentir y, por tanto, de sufrir. Esto aparece en *R.U.R.,* de Karel Čapek, las películas *A.I. Artificial Intelligence* y *Ex Machina*, así como en la novela *¿Sueñan los androides con ovejas eléctricas?*, de Philip K. Dick. Dick considera la idea de que nuestra comprensión de la subjetividad humana se ve alterada por la tecnología creada con inteligencia artificial.

9 789493 331105